獻給

雅萊塔・貝爾(Aletta Bell)博士

經驗豐富的印度宣教士

她憑信心活出了奇妙的旅程

靈修著作精選

信靠，就是這麼簡單！

雷·普里查德 著

魏詩韻 譯

▼

靈修著作精選

信靠，就是這麼簡單！

The Incredible Journey of Faith

作者
雷．普里查德 Ray Pritchard

翻譯
魏詩韻

審閱
陳永財

執行編輯
李慧儀

裝幀設計
陳琦

■

出版／發行
基道出版社
香港沙田火炭坳背灣街 26 號富騰工業中心 1011 室
LOGOS PUBLISHERS
Unit 1011, Fo Tan Ind. Centre, 26 Au Pui Wan St., Shatin, Hong Kong
電話：(852) 2687-0331　傳真：(852) 2687-0281
網址：http://www.logos.com.hk

承印
海洋印務有限公司

●

9/2006 初版
Cat. No. LP623A
ISBN-10: 962-457-319-0
ISBN-13: 978-962-457-319-0
Original Edition "The Incredible Journey of Faith"
Published by Crossway Books.

刷次	12	11	10	9	8	7	6	5	4	
年份	2026	2025	2024	2023	2022	2021	2020	2019	2018	2017

致謝

我必須特別鳴謝十字路出版社(Crossway Books)的許多朋友，他們令寫作成為樂趣，將出版成為事工。特別多謝萊恩·丹尼斯(Lane Dennis)、馬文·帕吉特(Marvin Padgett)、特德·格里芬(Ted Griffin)、傑夫·丹尼斯(Geoff Dennis)、蘭迪·揚斯(Randy Jahns)和凱西·雅各布斯(Kathy Jacobs)。布賴恩·奧雷克斯(Brian Ondracek)擁有這書的原本版本。我感謝加略山紀念教會(Calvary Memorial Church)的長老、職工和會眾，他們做了很多事情來鼓勵我繼續寫作。謝謝我的妻子瑪妮(Marlene)，謝謝她微笑著對我説，她知道我能寫成這本書。

目錄

引言

今夏，我和內子瑪妮 (Marlene) 在路途上渡過了整整一個月。我們在密西根 (Michigan) 逗留了一個星期，接著停留在紐約 (New York)，之後又回到伊利諾州的橡園 (Oak Park, Illinois)，在那裏逗留了數天，然後再啟程到加利福尼亞州 (California)。出發前，我們求神告訴我們祂想我們知曉的事情。我學會了這種禱告是不能以輕慢待之的。倘若你真的想神向你說話，你務要傾注全力去聽，因為神總是會向那些願意聽的人說話的。我們由一處到另一處，沿途上，我們祈禱、觀察、聆聽，而我們亦彼此討論我們覺得神向我們說甚麼話。

我們寫下神所給予的啟迪。許多的洞見都是來自我們「碰巧」聽聞的事物，或是從與人交談中所領略到的一小部分真理。有時彷似從天而降的「神來之筆」。我們把它們全部記下，以便將來思想。在神給我們的芸芸啟示中，有兩樣最為顯著。

第一是要帶著目標而活。我所指的是有目的地生活，而不是得過且過。很忙碌地渡過一天是容易不過的事，然而，在一天結束時會不禁地問：「我今天做了些甚麼？」**忙碌並不能保證你正在做些重要的事情。**忙碌也許掩飾著一個漫無目的的人生。太多時候，當我們坐在河邊，看著生命的激流在身邊湧擦而過，然後，那一天就來臨，我們「睡醒」了，接著死亡。神非常清楚地向瑪妮和我講述要活得有目的——不只是將活動塞滿每一天，而是去尋找甚麼事情才是真正重要，然後把它們實行出來。

每樣事情的重要性並不一樣。有些事情耗費我們大量的時間，卻毫不重要。但是我們卻輕易地讓那些事情充塞了我們的許多歲月。旅程完畢後，我們體會了一個投資生命到天國事情的嶄新方法。直至現在，我們仍然每天思想、祈求，把它實行出來。只是作一個簡單的決定（正如保羅一樣）：「我只有一件事」（腓三13），這卻令我們的生活和以前有天淵之別。

在旅途上，神向我們訴說祂的旨意。我們通常會覺得神的旨意是會叫我們去某個城市：我們應該住在聖地牙哥（San Diego）、傑克森（Jackson）還是巴爾的摩（Baltimore）呢？但聖經更多提及品格與屬靈長進。**神告訴我們，我們是怎麼樣的人較我們身處何處重要。而我們內裏的景況亦較我們外在的工作重要。**說到底，如果你處理好內在的生命，你外在所作的，很大機會就是神的旨意。對神來說，你的心比你在何處重要。如果我們就是神想要塑造成的那個樣式，住在何處並不十分重要。

無論是在聖地牙哥、傑克森或是巴爾的摩，我們都可以成為屬神的人。相反，如果我們打算只是為自己而活，把神擱置在一旁，無論是在聖地牙哥、傑克森或是巴爾的摩，都沒有兩樣。我不是說神安置我們在何方並不重要。事實上，它有重大的影響。我只是說它並不是人生中的決定性因素。

信心的生命是與神同行的旅程，始於相信基督的那一刻，直至死亡才終結。本書的英文書名(*The Incredible Journey of Faith*)表示靠信心而活是一趟**奇妙之旅**，此乃千真萬確。我愈來愈看見生命之本就是學習放棄操控我們從來不能控制的東西。這是艱難的一課，而大部分人需要學完又學；然而，當我們踏出第一步，那趟奇妙之旅就展開了。當我們細看本書的每一章時，將會發現那奇妙之旅沿途上的不同「風光」。我們將會追溯亞伯拉罕進入應許之地的旅程，而在途中，我們將會遇見一個來自尼日利亞(Nigeria)的人。稍後我們會研究一個生命處於十字路口的年輕人，又會冒險進到海地(Haiti)的崎嶇路。最後我們會展開回到二千五百年前的時光之旅，去看看那些拒絕向假神屈膝的希伯來英雄。又會與卡倫．沃森(Karan Watson)同遊她因著信心而去的一個位於伊拉克北部的城市。本書最後一章將會領我們去到一座波斯皇宮，在那裏有一位名叫以斯帖的年輕女子，因為信心而擺上一切。

在本書結束前，我會挑戰大家讓全能的神拖帶我們到不知的未來。以下是本書的最後一句話：**與神同行是最大的喜樂，它實在比一條已知的路更安穩。**這就是信心之旅，而且是一趟奇妙之旅。如果這令你感到興奮，就啟程讀下去吧！

第一章

奇妙的旅程

有時，人們說一個人永不是被危機所塑造，因為危機只是彰顯出那人的本相而已。這個想法既叫人安慰，卻又令人驚慌，因為我們都會暗忖，如果我們珍惜的一切都可能會失去，我們會有甚麼反應？

我們的家人⋯⋯

我們的健康⋯⋯

我們的事業⋯⋯

我們的將來⋯⋯

我們的生命⋯⋯

我們暗忖自己是否具備足夠的信心去渡過？抑或會崩潰？當困局來到，我們說自己相信的一切，會否仍然夠我們用？

聖經裏有一章講及一些在危機中信心仍然堅強的男

女。看被記在那章的名字，就好像在看一個聖經中的名人紀念館：亞伯……以諾……挪亞……亞伯拉罕……撒拉……雅各……約瑟……摩西……大衞。不同的人，不同的故事，分佈在不同的時空。這些故事跨越數千年。這些故事包含謀殺事件、自然災害、家族中的背信棄義、身體的疾病、失落了的夢想、錯過了的機會、兄弟間的爭競、以及軍事上的征服。這些男男女女的故事各有不同，但都有一個共通點：**他們所作的，皆是出於信心。**

所以危機並沒有塑造他們，而是彰顯了他們的本相。

那章聖經是希伯來書十一章。

來自尼日利亞的男人

二十年前，我在德克薩斯州 (Texas) 位於達拉斯市 (Dallas) 東北部的加蘭 (Garland) 牧養一所教會。由於該教會鄰近達拉斯神學院 (Dallas Theological Seminary) 與那神學院也有聯繫，神學院有一批學生經常來教會聚會。有一年仲夏，我遇見了一位最不尋常的神學院學生。在那時，我並不認識他，亦對他的故事一無所知。他與太太和六個孩子，由尼日利亞來到神學院讀書，盼望有一天學成回到故鄉，當新斯林教會 (New Salem Church) 的領袖。我遇上他的那年，力瑾．奧理圖 (Lekan Olatoye) 年屆四十四歲。

我很快便覺得他很友善。他與太太及孩子們很快便適應了本地生活。他經常協助教會做一些事情。當我們發現了他對電工特別有本領時，我們安排他維修在教會所租用的大廈裏的很多損壞了的設施。一段時間過後，他和艾琳(Irene)負責教授幼童主日學。他亦參加了「福音大爆炸」訓練課程(Evangelism Explosion)。每逢週二晚，我們都探訪加蘭的新居民，邀請他們到教會，並且把握每個機會，跟他們分享福音。我記得力瑾在一次探訪中分享了他的見證。他講述自己怎樣脫離泛靈論(Animism)的背景，接受了基督，徹底地轉化，整個人生的方向都改變了。我忘記了那些細節，但他臉上那種喜樂在多年後仍然歷歷在目。那年聖誕，瑪妮和我舉行了一個家庭招待會，我們這位朋友和他的全家都來了。現在我仍然彷似看見他們八人一起坐在我們客廳的沙發上。

數月後，我們在位於德州東面的松木谷(Pine Cove)舉行了一個男士退修營。那個週五晚，力瑾參加了我們的曲棍球比賽。翌日，他亦參與了我們的體育競賽大會。在那朝早上的查經班中，他記下筆記。在下午大約二時十五分，我看見他正在前去游泳，頭上還披著一條毛巾。接著，他又懶洋洋地打了一場排球。

沒有奇蹟的一天

突然間，他向前跌倒，眼鏡也摔了。其他人以為他因體力透支而暈倒，但當他們發覺他沒有了脈搏時，大家都知道發生了可怕的事情。他們大聲求救，一個和我們一起的救護人員對他施行心肺復甦法。其他男士分組禱告。救護車終於來到，把他接走了。

但當日並沒有奇蹟發生。事實上，他在倒地之前已經死去。也許是中風或嚴重心臟病發。

我們收拾一切，回到達拉斯(Dallas)。身為牧師，我曾經面對很多棘手的問題，但最難的莫過於要告訴那位可愛的妻子，她已經失去了丈夫，以及告訴那些可愛的孩子，他們已經失去了父親。

那天我在想，這一切究竟有甚麼意思。那天以後很久，我仍在想這個問題。一位正值盛年的男士，離開國家、離開家園、離開原有的工作，到海外學習神的道。他打算有一天能回去見他的同胞。他到海外讀神學的惟一目的就是實現神在他生命所定的旨意。他並無其它動機。他犧牲了很多，放棄了一份優差，亦帶著家眷繞過了半個地球。

結果在一切的夢想尚未開始實現前，他便在四十四歲時猝死。

這一切有甚麼意思呢？為甚麼神會容許這種事情發生在一個委身於遵行祂旨意的人的身上呢？再者，更廣義地說，就發現和遵行神的旨意來說，這樣一個悲劇教導我們甚麼呢？

為了明白這個問題的答案，我會將注意力集中在希伯來書十一章。我不是引用整章經文，而是集中在亞伯拉罕一個人身上。我也不是引用他的整個人生，而是集中在他進入應許之地的那段奇妙之旅之中。亞伯拉罕一生的足版故事記載於創世記中；希伯來書則記載了一個撮要。希伯來書十一章8至10節講及一個人，因遵從神的呼召而作出極大的個人犧牲。聖經告訴我們他做了甚麼，然而更重要的是，聖經告訴我們他那樣做的原因。

一個名叫吾珥的地方

在開始時讓我們先介紹一下亞伯拉罕這個人吧。當我們在聖經中與他相遇時，他是一個生於四千年前的人，住在位於迦勒底(Chaldees)一個名叫吾珥(Ur)的遠古的地方——這個地方座落在離波斯灣(Persian Gulf)不遠的幼發拉底河(Euphrates River)沿岸。毫無疑問，他與妻子撒拉都崇拜月神辛(Sin)。以任何一種屬世的準則而言，他都是一個富有和成功的中年男世。亞伯拉罕與撒拉有美好的人生。他們當然沒有任何理由去抱怨。

就正正在這個時候，神對亞伯拉罕說話——而且說得清楚、確定、毫不含糊。而神所說的將會改變他的人生——最終也會改變世界歷史的進程。

真理一

憑信心而活

即使不知道神會帶我們到哪裏去，仍接受祂的呼召

「亞伯拉罕因著信，蒙召的時候就遵命出去，往將來要得為業的地方去；出去的時候，還不知往哪裏去。」(來十一8) 要形容迦勒底的吾珥這個地方，只有一個描繪合適。她是一個世界級城市。考古學家告訴我們，在亞伯拉罕的時代，也許有二十五萬人住在該城市。她是數學、天文學、商業與哲學的中心。很多人會從周圍的地方搬遷到吾珥，藉以成為這個偉大城市的一分子。

毫無疑問，亞伯拉罕的很多朋友們必定會覺得他瘋了。哪有人會想離開吾珥的呢？遵從神的召命表示要放棄他的朋友、事業、傳統、家園、在社會的地位和影響力，以及他的國家。比這些更甚的，是要拿他的健康與將來作賭注，繫於一個來自神的、毫不實在的應許上：那個神會帶他去「我要指示你的地去」(創十二1) 。

當亞伯拉罕離開吾珥時，他是義無反顧的。對於他來說，他是不會走回頭路的。只要他一踏出吾珥的城牆，他就孑然一身，跟隨著神的帶領，去到那未知之地。

你問：「他放棄一切嗎？」

「是。」

「那有點兒奇怪吧！」

奇怪嗎？

請不要錯過以下這個重點。**神的呼召並不包括對明天(和在地上的一切)的保證。**亞伯拉罕真的不知道他要往哪裏去，亦不知道如何去到那裏，不知道要花多少時間，甚至不知道自己將會如何得知已經抵達目的地。他僅僅知道神確確實實呼召了他。就是這樣。其它的一切都彷似懸在半空。

你希望長命百歲嗎？我也想。

你希望在事業上平步青雲嗎？我也想。

你希望有很多朋友嗎？我也想。

你想在百年歸老時，有家人陪伴在側嗎？我也想。

這一切的渴望都並無不妥。所有人都這樣想。然而，靠信心而活表示對將來沒有保證和肯定。

如果你真的想遵行神的旨意，有時你會發現自己正正處於亞伯拉罕的位置上——踏上一條世人覺得毫不合情理的旅程。我強烈感覺到要強調這一點：要預先百分百肯定未來是沒可能的。你覺得亞伯拉罕有百分百的肯定嗎？沒有可能。他惟一肯定的就是神的確呼召了他，而他必須遵從。其餘的都存在奧秘之中。這個事實令他的順服更引人注目。希伯來書十一章8節說他「遵命」和「去」。在他生命中沒有比這個更大的神蹟。後來所發生的一切都建基於這個基本的決定上。**神呼召；他遵行。**這個事實就是他生命的秘訣。在對個人未來沒有保證之際，他憑信心踏上。

你在下午二時十五分遇見一個男人，他是好端端的；但在下午三時，他已經死去。

這有甚麼含義呢？是他的信心薄弱嗎？不是。他犯了罪嗎？不是。他是否不知怎樣的再不行在神的旨意當中？不是。是否神犯了錯嗎？不是。是否神不再守祂的應許嗎？不是。是我的朋友計劃在那天死掉嗎？絕對不是。

讓我用另一個方法闡釋吧：**靠信心而活表示為神而踏出，並將結果交給祂。**這不會保證長壽和成功。你也許會有那些祝福。但也許不會有。

信心的生命是：「無論我要往哪裏去，我都要成為一個神想我成為的男性或女性。我不知明天如何，但我信任祂會成就一切細則。而現在我憑信心踏出，並且跟隨祂的帶領。」

這帶領我們到第二個靠信心而活的偉大真理。

真理二
靠信心而活表示等候神信守祂的應許

「他因著信，就在所應許之地作客，好像在異地居住帳棚，與那蒙一個應許的以撒、雅各一樣。」(來十一9) 所有人都想安定下來，這個渴望最自然不過。數年前，我和內子處於買賣房子的過程中。雖然我們搬家的路程只有數哩，但是整個過程卻令人相當不愉快，對生活極其滋擾。我年歲愈長，就愈不喜歡搬遷。我很珍惜每天回家都去同一個地方，見同一些臉孔。我們的舊址充滿了箱子，等待著轉運到新居去。對我來說，望著數天前還是貼滿了熟悉照片的牆壁變得空空如也，已經叫我感到不安。突然間，我們的家已不似家，就彷似只是一間在遙遠的過往我們曾經住過的樓房罷了。而有好一段時間，我駕車經過新屋時，我對它仍然沒有「家」的感覺。整個搬家的過程帶給我一種不安、甚至無家可歸之感。

如果將以上描述的過程擴大一百倍，並且將之延續五十年之久，那大概就是亞伯拉罕啟程前往應許之地時的光景。聖經告訴我們他「住在帳棚中」。以我所知，很多人都喜歡在渡假時露營。但我不認識任何人是自願永久性地住在帳幕中。帳幕有過渡之意，代表隨時隨地的遷移，亦表示你所居住的地方並不屬於你個人所有。

這就是亞伯拉罕的處境。他在應許之地中並沒有擁有任何東西。神曾經答應給他那塊地；然而他卻活得像「在異地居住」(來十一9)。如果你沒有擁有某塊地，你便不能在那裏建造永遠的居所。

在許多方面，這點較他在最初離開吾珥的行動更值得我們注意。只要他正在橫渡沙漠，他就能對將來有所憧憬。然而，當他抵達迦南時，所有的幻想都消失了。

想一想他所找不到的事物：

- 沒有「亞伯拉罕，歡迎你」的標誌。
- 那裏的商人沒有給他折扣優惠券。
- 沒有新屋入伙派對。
- 沒有迎新巡遊隊伍探訪他。
- 沒有市長級官員迎接他。
- 沒有樂隊向他演奏「這裏重現快樂日子」。
- 沒有向他拋彩帶的遊行慶典。

沒有人期待他的來臨。沒有人關心他已經到達。沒有人餽贈他任何東西。

祂曾經答應賜他那塊地……然而他卻要掙扎著住在帳棚中。那個應許要用上了數百年才完全實現。亞伯拉罕、甚至以撒、雅各都沒有親眼看見它實現。

亞伯拉罕是否活在神的旨意中？是。他離開吾珥是否正確？是。他所作的是否是神想他作的呢？是。那麼，為甚麼他住在帳棚中？因為神的時間表跟我們不同。他並不像我們一樣匆忙。神會在多個世代工作去實現祂的目的，我們只會擔心應該買哪條裙子或襯衫去赴今個週末舉行的盛大派對。這兩種視野有天淵之別。

而在亞伯拉罕生命中發揮作用的第三個原則就是信心生命的終極鑰匙。

真理三

憑信心而活表示永不將眼目移離天國

「因為他等候那座有根基的城，就是神所經營所建造的。」(來十一10) 亞伯拉罕冀盼一座有根有基的城市——是一座「城」，不是在沙漠中孤寂的一點。他想住在一個有其他人的地方。他亦冀盼一個「有根有基」的城市，一處穩妥和永久的地方，而這一切是帳棚所沒有的。這表示他所期待的是一個由神設計和建造的城市。為甚麼？因為所有地上的城市最終都會變成頹垣敗瓦。

我曾經踏足耶利哥古城的廢墟。大部分人一想起耶利哥，都會想到那是在約書亞時代城牆倒下的那個城市。然而，那只是耶利哥城其中一個面貌。考古學家發現耶利哥城曾幾經盛衰，一次又一次地被重建、毀壞，又重建，橫跨很多個世紀。耶路撒冷也是這樣。現今當你踏足耶路撒冷古城，你不是真的走過耶穌當年所走過的路，而是走在耶穌走過的路上面三十至七十五呎的土地。根據一項資料顯示，在過去的三千五百年間，耶路撒冷最少被毀壞與重建達四十七次之多。

所有地上的城市都是這樣。所有由人建造的東西都不會永存。怪不得亞伯拉罕要尋找一座由神所經營建造的城市。啟示錄二十一章描述那座城市是「聖城新耶路撒冷，由神那裏從天而降」(2節)。在異象中，約翰看見一座有懾人之美、閃耀著神的榮耀的城市，「城的光輝如同極貴的寶石，好像碧玉，明如水晶」(11節)。基督徒視新耶路撒冷為屬神的人最終的居所，一個在神的同在中一同渡過永恆的地方。然而請留心：天堂是一座**城市**。她是一個充滿真人的真實地方。那就是亞伯拉罕離開迦勒底的吾珥所要尋找的地方。

亞伯拉罕正在前往天堂的途中，而他亦深知這個事實。**這一個事實——也只有這一個事實——能夠解釋他的整個生命。**

他思念天上的事，這解釋為甚麼他能夠：

- 離開吾珥這座美麗的城市。
- 離開他的事業。
- 遠遠地離開他的朋友。
- 直至生命的終結時，仍然住在帳棚中。
- 在一個新地方由零開始。
- 臨終時仍然看不見神的應許實現。

亞伯拉罕知道他正在前往天國的途中，而這一點徹底地改變了他對生命的看法。他不單知道自己會死，也知道在死後，他將會進入一座由神所經營建造的城市。

他是否癲狂？

我們看見了一個正值四十出頭的好男人。他擁有一份優差和美好的將來。他在所屬的位置上扶搖直上。在一個有許多窮困人的國家中，他擁有一所漂亮的屋子，一位可愛的妻子，以及六個了不起的孩子。這一切實在美好。

有一天神對他說：「我想你到美國去，並且學習如何宣講真道。」「主啊，是否跟我說話？」「是啊，我正在跟你說話。」

當他告訴妻子時，她說：「親愛的，一切依你吧。」於是他們變賣所有，來到美國，雖然在家鄉的人懇求他留下。他說自己是跟隨神的呼召時，人們都搖頭嘆息。

你認為怎樣？他是否癲狂了？他是否失去了這個呼召？不，他反而得著了。

他來，因為他知道終有一天他會到天堂去……因此在這段過渡時刻，他並不太在意自己在哪裏生活。

他沒有計劃在四十四歲時死去。沒有人這樣做。然而這也沒有問題，因為他知道自己死時會到天堂去。

我們做對了沒有？

在力瑾逝世的那天晚上，我到他家去宣佈這個悲痛的消息。我與他的家人傾談了很久，他的妻子艾琳告訴我他的故事：「當他決定要來美國時，他告訴上司自己心中的計劃。他們不想他離去，因此來找我：『叫他留下來吧。告訴他如果他肯留下，我們會升他為總經理。』」

但他們還是來了美國。

那天晚上，回望過去，她說：「我們做對了沒有？我們來到這樣，然後他死了。現在我們身處美國，他死了。我們究竟做得對不對？」

他們就讀中學二年級的二女兒立即說：「做得對。」

「沒錯，作為一個神學院學生而死去比在尼日利亞做總經理而死好。」艾琳說道。

我想那就是信心的生命。那是一個決定：以另一種方式生活。那是有意識地選擇為永恆而活，而不是為今生而活。請明白這一點：這**不**是徒然地屈從於殉道主義或苦難，而是一個跟隨神，無論祂帶領你到何方的個人選擇。

力瑾死後，我們發現了很多關於他的事情，是我們以前不知道的。當他轉離伊斯蘭教時，他將自己的生命奉獻給耶穌基督。而在來到美國之前的十年間，他在尼日利亞要求被調到數個不同工作地點，以便在他所到之處建立教會。

他來這裏，彷似所屬教會的希望。他代表著尼日利亞新斯林教會的未來。他將會成為當地一所神學院的支柱，負責裝備很多人去宣講神的道。

一千個夢想破碎

現在他在四十四歲時去世，留下妻子及六個孩子。還有一千個夢想伴隨著力瑾死去。他是有史以來第一個在就讀於達拉斯神學院期間猝死的國際學生。在尼日利亞那裏，沒有人可以代替他的位置。那些在尼日利亞的人可以怎樣做？在那裏的教會可以怎樣繼續下去？一切都好像撒但贏了這場仗。

幾個月後，尼日利亞的人派了兩個人到德州探訪我們，他們是朱利安 (Julian) 牧師和瓊斯．化頓章 (Jones Fatunwase) 博士。其中化頓章是新斯林教會的總幹事。他們環繞了半個地球遠道而來，只是為了感謝我們所做的一切。

在那星期結束時，就在我送他們到機場之前，我說：「請告訴我，力瑾的死令到尼日利亞的教會強壯了，還是軟弱了呢？你們派他到來，而他在未完成學業便死去。那裏的教會現在怎樣？」他們很快地回答。「你知道嗎？那所教會現在強壯多了。」我問：「怎會這樣呢？」化頓章博士回答說：「當我們為力瑾舉行喪禮時，有一萬人從尼日利亞各處前來。」力瑾的哥哥德利 (Dele) 是喪禮的其中一個參加者。他以前不是一個基督徒。力瑾為他祈禱了十年之久。我直接引用化頓章博士語句：在喪禮上，德利．奧理圖「決定追隨耶穌基督」。

再者，化頓章博士說：「在我們教會裏，有很多人之前都是不冷不熱的。」他們覺得為主而活不是那麼重要。但當他們聽見力瑾死了——我再一次直接引用他的語句——「一個因著事奉主而帶著榮耀的死，令數以百計的人因此而曉得生命的長短並不重要，活得好不好才是最重要。我們在尼日利亞的教會現在比以前強壯多了。」

死於二十五歲，埋葬於七十五歲

你期望自己活多久呢？直截了當一點說，你覺得距離別人為你舉行喪禮的日子還餘下多少年月呢？十年？二十年？三十年？四十年？五十年？六十年？你對那個準確的年月數目有多肯定？我最後問的問題是容易的。你不會知道所餘下的年月將會有多少。真實的情況是，你可能在明天——或今天——基於千個理由的任何一個而死去。沒有人會知道自己可以活多久，或是準確地知道自己何時會死去。

你活多久並不重要，但你在所活著的年月裏所做的一切才重要。有很多人死於二十五歲，但到七十五歲時才被埋葬。他們在瑣碎的追求上浪費了最好的時光，錯過了憑信心而生活的刺激。

兩種成功

以下這句話可以總結這一章的內容：**跟隨神的旨意並不擔保屬世的成功**。「屬世」是關鍵的字眼。神對成功有一套看法；世界則有另一套看法。約書亞記一章8節提醒我們，那些默想神的道的人會「順利」，並且成功。詩篇第一篇將向惡人尋求意見的愚昧人，與將生命建基於神的道上的屬神的人作對比。後者會「像一棵樹栽在溪水旁」。神會用以下的方法賞賜這樣的人：「凡他所做的盡都順利。」(3節)

然而，請不要誤以為遵行神的旨意就表示會過沒有麻煩的生活。亞伯拉罕終身住在帳棚裏。他死時也未有接受到神答應過他的東西。在許多方面來看，你都可以説他的離開代表摒棄一切屬世的名成利就。他再不能嚐到吾珥的安定和繁榮。由亞伯拉罕離開的那一天開始，直至他死時，他都是一個客旅，一個住在帳棚的人，居住在不屬於自己的土地上。

「那實在癲狂！」

不久之前，一個朋友致電給我，想談論一下一篇令他十分困擾的講道。在講道中，那位講員以自己進入神學院的決定來説明自己的論點。他較一般神學生年長，並且已經事業有成。遞過了報名表格後，他決定踏出信心的一步。他賣掉公司，搬到一個遙遠的城市去，將畢生的積蓄用來購買一所房子。他做這一切之前，他仍未知道自己會否被取錄。最終他的信心得到回報，他被取錄了。故事就是這樣。

對我來說，這並非十分不尋常。許多時候人們都做這類事情。叫我驚訝的反而是我的朋友對這個故事的反應。用勃然大怒來形容他已經是說輕了一點。我從未見過他如斯困擾。「怎麼一個人能夠做如此愚蠢的事呢？」他向著電話聽筒大叫：「那不是信心。那是威逼著神出手。」接著他加入以下的意見：「沒錯，那人成功了。但那些嘗試過而不成功的人又如何？」

問得好。從一方面來說，我覺得我的朋友的反應反映了他需要屬世的安全感，多於那位講員究竟是愚昧還是有智慧。我曾經聽過許多類似的故事，大部分都是大團圓結局。但另一方面，我的朋友卻提出了一個很好的論點。有些時候，有些人憑信心踏上，卻發現所得的結果是事與願違。倘若那人沒有被神學院取錄，將會如何呢？我想也許他會利用自己的才能在當地找一份工作，又或者返回以往居住的城市。這並沒有任何值得羞恥的地方。但這能否證明他意會錯了神的旨意呢？也未必。我曾經提出發生在亞伯拉罕身上的一切都不是他當日離開吾珥時所期望的。

那麼，我的朋友又如何呢？他一生人都在芝加哥生活，現在帶著家人搬到另一個城市，重新開始。他與我都已討論過事情可能並非如他所願的一樣。但這樣並沒有阻止他踏出信心的一步。我曾經警告他。雖然我較希望他「安分守己」，留在本位，然而我怎能阻擋一個真正想跟隨神的帶領的人，縱使事情的結果有可能並非如他所願，他卻願意踏出那毫不簡單的一步。無論發生甚麼事，(我希望並且相信) 我的朋友都會從這經驗中有所得著，他會對神有更深的信心，因為他將一切未知之路都投靠到那全能者身上。無論他成功與否，我都覺得他會安好。但這並不表示當他在一個新城市開展新生活時，不會遇到一些十分困難和對前路不確定的恐懼的日子。

如果你曾經決定讓神的旨意成為你生命中的首要事情，你將會發現那是一個奇妙的旅程。正如在古時的亞伯拉罕一樣，尋覓神的旨意會領你離開你的安全地帶，靠信心進入那令人興奮的境地。而沿途上，你將會發現就算對明天將會怎樣沒有絕對的把握，你也能夠生活。你甚至會學曉如何在信心與不折不扣的災難兩者的邊緣上享受生命。無論如何，如何明白神的旨意再不是學術性的練習，就好像睡前要做的功課一樣。相反，在你開始踏上那塊神要領你去的未知之地時，那將會是你前所未知的最刺激歷程。

給個人／小組思想的問題

1. 思想一下當主呼召亞伯拉罕離開迦勒底的吾珥時他面對的兩難窘境。列出一些他有可能決定不遵從神的呼召的原因。

2. 你認為自己是一個喜歡冒險的人嗎？為甚麼是或不是？如果你是亞伯拉罕，你會如何反應？
3. 神當日呼召亞伯拉罕離開吾珥。你是否相信今天神仍然這樣「呼召」人？你根據甚麼準則分辨神的呼召與自己的渴望？
4. 當你思想力瑾．奧理圖的故事時，你認不認識身邊還有些人在追隨神的呼召時也曾受苦，甚至賠上了自己的生命呢？就個人而言，你如何回應這些故事呢？你學到甚麼功課呢？
5. 為甚麼對天國有一份強烈的信念是憑信心而活和實行神旨意的重要一環？
6. 你對於「信心並非總是表示百分百肯定」這句說話有甚麼感覺？你曾否試過，在疑惑當中仍然踏出信心的一步而作了一個重大的決定？接著有甚麼事情發生？

進深

花點時間思想一下你的生命。在哪些層面上，你需要採取決定性的行動？甚麼東西攔阻著你呢？寫下三個真正需要改變的領域。在這個星期裏，記下在每一個領域中你可以採取的一個簡單步驟。然後作出以下這個簡單的禱告：**主啊，我想跟隨祢，到祢所帶領我前往的地方去。求祢賜給我勇氣，在這個星期踏出信心的一步。阿們。**

第 ▪ 二 ▪ 章

誰是老闆？

電話聽筒另一邊傳來一把聲音：「雷牧師，我需要跟你傾談一下。」這是一個來自德州的老朋友，他正在探訪他的妻子住在印第安納州 (Indiana) 的家人。他們問可否來探訪我。當然可以，我們感到高興之至。我的朋友説他要作一個重大的決定，並且需要尋求一些意見。

我記得早在四或五年前，我這位朋友也因著要作另一個重大的決定來找我。那時他正在達拉斯的一間大學攻讀一個碩士課程。但日子過得艱難；他沒有工作，亦差不多花光了所有金錢。他應否放棄那個課程呢？我問了他一個問題：「你這一生想做些甚麼？」當他告訴我的時候，答案顯而易見：留在學校，盡一切所能去拿取你的學位，只有這樣才可幫你去到想去的地方。

不久他拿到碩士學位。稍後他成為了一位警官。

直至現在，他仍然是一位警察。他不單是警察，更是不折不扣的警察。吃得苦、實幹型，如果你當警察，而你下一個任務就是在達拉斯南部某處進行掃毒行動，你也會希望跟他做拍擋。最後他終於開展實現他的夢想的最後一部分。他考進了美國其中一所最優秀的大學裏的一個博士課程，主修刑事司法(Criminal Justice)。踏出這一步需要很大的犧牲。他一星期五天當警察，有時還要兼職。他許多時都要在一星期最後兩天上課。這並不容易，他不能如自己或孩子和太太所願般經常跟他們相聚。

「我正在考慮放棄」

當他來見我的時候，他已完成了課程的三分之一。雖然他拿了一個乙等其餘全優等的成績，他還是覺得課程的艱難程度遠超過自己所想像的。他正在考慮放棄，因為要犧牲的實在太大。我問他有否用電腦幫助他寫論文，他說沒有。他不買電腦，部分原因是因為價格昂貴，而部分原因是因為考慮到他有可能會放棄課程，所以不想買電腦。在我們傾談當中，我感覺到他已來到一個交叉路口。如果他不繼續課程，他將會永遠放棄他的夢想。然而，如果他要繼續課程，他卻需要一個足以令他覺得作出如此巨大的犧牲是值得的新異象。

當我問及他的教授們對他的基督教信仰有何反應時，

轉捩點就出現了。「神使我在他們眼前蒙恩，他們每一位都對我將信仰的角度帶進功課中表示感謝。」聽到他這樣說，我砰的一聲，拍了一下桌子，大聲說：「我完全知道神想你做些甚麼。」

在通往巴翁的路上

在我告訴你我說了些甚麼前，我想先講述發生在另一個時間和地點的另一段對話。這段對話發生在海地。我們教會的隊伍剛剛探訪完安地列斯羣島(Citadelle)，那是我們在那裏的最後一個星期六。那是一個匯集國粹之處，你將華盛頓紀念碑，林肯紀念堂，以及自由神像結合起來就大概可以與之媲美。安地列斯羣島由海地第一位國王克里斯托夫(Henri Christophe)所建。就如她的名字所暗示，她是一個眺望海地角港口、座落於一個山嶺之巔的廣闊城堡。國王在一八〇〇年代初建造該城市，阻擋法國人。海地剛脱離法國統治，贏得獨立。那個地方是那麼偏遠和危險，在建造過程中，死了二萬人。

我們與一隊海地軍人車隊，搭乘他們的一輛傾卸式卡車上到山上，遊覽宏偉的景緻，又乘搭他們的順風車下山去。我們同行一共五十八人——炎熱、骯髒、汗流浹背、極度疲倦，像沙甸魚一般擠在那輛卡車裏。司機駛著卡車歪歪斜斜地下坡，有時只差數吋，車子便會掉到山下，我們各人的生命都懸於一線。我們在山腳下了卡車，爬進了另一輛輕型小卡車，展開另外一個半小時的車程，回到巴翁(Pignon)去。有十個孩子坐在小卡車的後座，我們四個成年人就跟司機凱萊布·盧西恩(Caleb Lucien)坐在前頭。

在經過北格朗德里維耶爾(San Raphael)與巴翁之間的某處時，我們團隊中其中一個青少年人問我何時覺得被呼召全時間事奉。我告訴她，哥倫比亞廣播公司(CBS)名新聞報導員沃斯特·克朗凱特(Walter Cronkite)是我兒時的英雄。成為一位新聞工作者是我多年的夢想。但當我在高中成為基督徒後，情況開始改變了。我清楚地記得在中學畢業前一個月，我在睡房中踱步，思想著神想我在人生中做些甚麼。在那個月的其中一天晚上，我半夜醒來，說：「主，好吧，如果你想我傳道，我就成為傳道人吧。」

這令我們討論到現在的教會怎樣不再認為投放生命去事奉神是一件值得做的事。上一代的傳道人通常會呼召青少年人委身去「全時間事奉神」。現在差不多沒有講員會發出這個邀請。我們假設我們的孩子會選擇一些世俗的職業；倘若有人剛好選擇投身全時間事奉，那也沒有問題，然而那不是我們的首選。作家弗雷德理克·比克納(Frederick Buechner)告訴我們，他在年青時出席一個在長島(Long Island)舉行的高級晚宴，那位女主人對他說：「我知道你正在計劃投身全時間事奉。這是你自己的意思，還是因為你得到不好的建議呢？」怪不得很多世故的人都有這個想法了。

過早結婚了

當我們沿著那條崎嶇不平、滿佈泥濘的路前進時，我提到數月前一位講員應邀到我們教會講道時所說的話。那是真正革命性的觀念，我在過去數年間只聽過幾個這樣的觀念。那位講員說我們應該鼓勵青年人早點成家立室。說這個建議令人目瞪口呆都不足表達其震撼性。在他之前，我從未聽過何人提倡早婚。所有人所主張的都剛好相反——早婚造成早離婚，因此年輕人應該先完成學業後，才談婚論嫁。但那人是絕對認真的，而每當一位十分認真的人倡議一項革命性的見解時，你也應當慎重思索一下。

根據我的理解，他的重點如下：他相信現代人強調要待孩子完成大學（以及開展了事業後）才結婚的主張，並不符合聖經，而且是物質主義和不切實際的。那不符合聖經，因為維持獨身的惟一理由是要更好的事奉神，而並不是為了要完成大學或開展事業（見林前七章）。那是物質主義的，因為那樣是重視金錢多於婚姻。那是不切實際的，因為當我們的孩子等待著結婚時，他們卻急不及待要有性行為。

我們的孩子並沒有說不

特別在最後一點上，我覺得有證據百分百支持他的論點。我們的孩子急不及待要有性行為。有很多孩子——也許大部分——都有婚前性行為(而且不一定與他們將來的配偶)。數年前喬希．麥克道爾(Josh McDowell)，與另一位青少年講員道森．麥卡利斯特(Dawson McAllister)一起，向在福音派的教會中數千名青少年進行了一個全國性的問卷調查。以下是其調查結果：[1]

——在十八歲之前……

百分之四十三的人曾經性交。

百分之三十九的人認為愛撫胸部在道德上可以接受。

百分之三十二的人認為愛撫生殖器官有時在道德上可以接受。

百分之六十五的人有某種性接觸，從愛撫胸部到性交。

百分之三十五的人不能明言婚前性交在道德上總是不能接受的。

請不要忘記，這些是對福音派教會中的青年人進行的調查結果。他們在我們的教會中長大，亦(理應)曾接受過婚前性行為必定是錯誤的這種教導。然而，不知怎的那個信息不能從他們的腦袋落到心坎裏去。更大的問題是：這些數字跟在一般人口調查中所得的數字沒有兩樣。

在某一方面來說，你不能責怪我們的孩子。說到底，我們活在一個高舉性的文化中。很明顯這情況漸趨惡化。我們可以透過互聯網，在家中最隱蔽之處瀏覽一些最低俗下流的影像，完全沒有任何道德限制。事情無論如何的污穢、嘔心、令人厭惡，在美國都一樣可以盛行。我們的孩子一邊受著一些鼓勵他們「去做吧」的性訊息炮轟，一邊聽著我們對他們說：「不要太早結婚。先完成你的學業。先找到一份工作。**然後**才結婚。」怪不得我們的孩子感到茫然。

- 我們的孩子沒有結婚。
- 然而他們也沒有等待。
- 他們太多人正在「做著那件事」。

我們知道十五至三十歲是性慾的高峯時期——尤其對男孩子來說。而在感到性需要的壓力最頂峯時，我們就說：「以你的學業為先，並且確保你的事業已經展開，婚姻可以遲一點。」結果我們的孩子打消了婚嫁的念頭，而同時有太多年輕人選擇有婚前性行為。

為甚麼？部分原因豈不是因我們鼓勵他們做一樣神聖的事情(禁戒婚前性行為)，但卻是基於一個非神聖的理由（以你的學業與事業為先）嗎？我們的年青人可以看穿這個偽裝。他們知道在我們那些冠冕堂皇的敬虔語句的背後是一個非常物質主義的價值觀。我們這樣說時，是把學業和事業奉為假神，然後請求我們的孩子只需要向性的試探「說不」，藉以紓解我們帶著罪咎感的良心。

讓我們弄明白這件事情吧。神給不能禁制的性慾的答案是婚嫁（林前七9）。那沒有任何不妥或不光彩之處。神對性的試探的答案是婚姻，而並**不是**待你最終拿了一個文學士學位和一份國際商業機器公司（IBM）給予你的工作才考慮結婚。當我們將學業和事業淩駕於婚姻之上，我們的孩子就會嗅出我們說話背後的虛偽。他們知道我們真正的意思是：「以你的學業和事業為先，亦不要到處跟別人發生關係，但如果你要與別人發生關係，要記得避孕。」說到底，我們不想見得任何事物（例如一個意外成孕的嬰兒）毀了他們的前途，對嗎？

作一個重要的區分

不論你相信與否，經過以上的一番對話和討論後，我們仍然在前往巴翁的路途中。凱萊布現在發言，強烈反對我們所邀請的講員所說的論點。他認為早婚通常都會引致破裂的婚姻，而單身的人能為神的國成就很大的事。毫無疑問，他提出的兩點都是正確的。如果我們改變原有的看法，贊成早婚，我們務須重整教會在裝備年青人上所擔當的角色。但是(這是一個很大的但是)，聖經時代明顯就是這樣。學者告訴我們馬利亞和約瑟在青少年時結婚——可能不超過十四、十五歲。早婚是當時的社會規範。我們發明了**青春期**(adolescence)這個新詞彙，它在一百三十年前才出現。在古時，當你成為青少年時，就是你結婚之時。

凱萊布個人的經歷為第二點提供了很好的例子。他本身是海地人，分別畢業於華盛頓聖經學院(Washington Bible College)和達拉斯神學院(擁有兩個學位)。完成學業後，他回到海地幫助同胞。現在他已經成為全國其中一位舉足輕重的領袖。他現正興建一個為基督徒而設的營地，有全國性的電台廣播，並計劃建立一間基督教學院，訓練全國性領袖。在海地，無論我們去到哪裏，人們都會停下來跟他談話。他知名度很高，而且深受愛戴。

當我們在旅途上傾談時，他仍然是單身，並且希望有一天能結婚。他甚至選取了一塊土地，預備為他將來的妻子興建一個家園。他表示自己沒有獨身的恩賜。數年後，他迎娶了戴比(Debbie)，現在他們有兩個漂亮的女兒。他一家人快樂地住在海地的巴翁市。在我們談話的當時，凱萊布相信單身能讓他更有果效地事奉神，因為他可以將一切的精力都放在做主的工作上。這基本上就是保羅在哥林多前書七章32至35節的論點。我想今天他會說他的婚姻和家庭是他貢獻世界的職事的其中一部分。

你怎樣整合這一切呢？首先，那位嘉賓講員與凱萊布·盧西恩談及的是兩個不同的問題。

1. 神對人的旨意中包括婚姻。許多人都應該為了避免不能自制的性試探而結婚。
2. 神對人的旨意中亦包括獨身。許多人都應該守獨身，原因是他們能夠更好的事奉神。

在人的一生中，人們會從一個類別轉向另一個。每一個人本來都是單身的，許多人結婚，又有一些人因為離異或喪偶而回復單身。然而，這些都不重要。無論是結婚或單身，你都可以有效地事奉神。單身的人事奉神會有著不為世事分心的優勢(這似乎就是保羅在哥林多前書七章裏的論點)，但已婚的人也可以有效地事奉神。

我不是支持早婚(雖然我覺得我們應該更認真地考慮這個可能性)，但是將攫取事業放於婚姻之前卻並非符合聖經。我們要求孩子們因著要建立事業而將婚姻延遲很多年，實際上是在不知不覺間鼓勵他們朝向一個錯誤的方向而行。透過事業事奉神是崇高的。透過婚姻事奉神也是崇高的。但將事業淩駕於婚姻之上(或是鼓勵你的孩子們如此行)卻往往造成不良後果。我們必須在一切事情上以基督為先。

越過了界線

在回到我那位來自德州的朋友的故事之前，讓我們先返回二十個世紀之前，聽聽耶穌所講的話。地點是一個名叫該撒利亞腓立比的羅馬城市，位於加利利海東北面的戈蘭高地。一整座大山盤據整個地勢，而有一條河由山上一直流到約旦河。

對耶穌來說，那時是一個決定性的時刻。以色列全地的人都對這位來自加利利的人議論紛紛。祂是誰呢？祂憑著甚麼權能施行神蹟呢？祂真正的目的是甚麼呢？起初，耶穌的確廣受注目，但是現在以色列的人卻分成兩派。祂確實有一大羣普羅大眾的支持者。同時，一些權貴卻開始慢慢地針對祂。一些充滿憤怒的鑼鼓聲已經從遠處響起了。不需多久，他們的聲音將會成為震耳欲聾的吼叫。

耶穌知道這一切，也知道這一切都會以祂的死來結束。祂聚集門徒到這個寧靜的地方，目的是要引出他們更深的委身，是他們仍未付出的。耶穌的眼目放在前頭祂要被釘死的羅馬十架上。那時會發生甚麼事呢？這些門徒——祂的心腹，一些曾經與祂共處很多時光的人——

究竟會在祂身邊支持祂還是落荒而逃、各散東西呢？耶穌知道人心的反覆無常。祂亦知道雖然他們能講勇敢的說話，但沒有一個真正能夠想像他們要一起走的是一條怎樣的路。

是作出選擇的時候了。他們是被選上的人。耶穌親自訓練他們。他們對耶穌的認識比世上任何人都多。他們曾目睹耶穌施行神蹟、治病，因為祂對抗法利賽人而感到驚訝。然而，他們能否掌握這一切的意義？

就在該撒利亞腓立比，耶穌問了一個問題：「人說我是誰？」(可八27) 而彼得就在此時此地作出了他的宣信：「你是基督，是永生神的兒子。」(太十六16)

但是他們的對話並沒有在那裏完結，耶穌所要的不單只是一個**宣信**(confession)。他也要一份委身(commitment)。「現在你知道我是誰了，你願意把你的生命付託給我嗎？」耶穌在門徒前如此說：

> 於是叫眾人和門徒來，對他們說：「若有人要跟從我，就當捨己，背起他的十字架來跟從我。因為，凡要救自己生命(或作：靈魂；下同)的，必喪掉生命；凡為我和福音喪掉生命的，必救了生命。人就是賺得全世界，賠上自己的生命，有甚麼益處呢？人還能拿甚麼換生命呢？」(可八34～37)

甚麼方為上算？

讓我們仔細看一看馬可福音八章。新國際譯本 (NIV) 交替用了「生命」和「靈魂」各兩次。但這兩個詞在希臘原文中是同一個詞。希臘語是「心靈」(*psyche*)，我們從這個詞得出英文「心理學」(psychology) 這個詞。有時這個詞指人相對於身體的非物質部分 (靈魂)。但更多時，它指的是全人或是人內在、有意識的自我，我們稱之為人格。「心靈」是那個活著、呼吸和作決定的真正的你。「生命」(英文標準譯本〔ESV〕) 並非一個不好的翻譯，只要我們記著它所指的不單是肉身的存在。

有了這些背景資料，我們也許可以意譯這段經文——加進了一些二十世紀的用語——如下：

> 現在你知道我是誰了，你是否預備好背起你的十架來跟隨我？在你回答以先，讓我先提醒你一點，在世人眼中，你若跟隨我，就彷似在浪費生命。世人永不會明白你正在做甚麼？他們會覺得你跟隨我，正在讓生命付諸流水。
>
> 你總會有另一個選擇。你可以藉著跟隨自己的渴望而拯救你的生命。許多人都是這樣做。事業彷彿就是他們生命的全部。然而，這些只是為今生而活的人，到頭來會發現他們把生命浪費在一些根本毫不重要的事情上。他們

嘗試藉著為自己而活而拯救自己的生命，但最終他們反而會失去生命。他們把生命浪費在毫無價值的追求上。

但如果你跟隨我——雖然路途並不容易，而你又會經常被誤會——最終你會得著生命。那些在現時取笑你的人將不會再取笑你。他們會看見你所選的是正確的；他們所選擇的卻是錯的。

說到底，如果你成為全世界最富有的人，或是爬上了事業楷梯的頂峯，又或是成為了公司裏最高薪的人，又或是贏得全世界對你的喝采——但到頭來你卻發現所作的都是徒然與浪費，那麼對你又有甚麼益處呢？那輛閃亮時款的車子帶給你甚麼好處呢？你可以拿它交換另一趟人生嗎？不，你不能。但如果你選擇這樣生活，便照著行吧。成千上萬的人都是如此選擇。最終他們會感到悔憾，但那時已經太遲了。

所以你會如何選擇呢？十架的路或是世界的路？你總要把生命投資在某處。甚麼才是上算？

在門外敲門

也許一個現代的例子能夠幫助我們理解耶穌給予門

徒的挑戰。在蘇聯解體後不久，我很榮幸跟一位來自俄羅斯聖彼得堡 (St. Petersburg) 的牧師共晉晚膳。那天黃昏，他告訴我們在一個共產國家長大是怎樣一回事。他的父親 (當了牧師超過四十年) 經常告訴他的母親說：「可能在某個晚上，在我們睡夢中，突然會有人敲門，如果秘密警察 (KGB) 在午夜來把我帶走，而你也許不能再與我見面，不要驚訝，亦不要放棄信仰。我走後，要緊記主永遠都不會離開你。」

在共產統治的年代，很多基督徒被關進監牢和精神病院，他們只是因為持守信仰而受到恐怖的苦待。有些信徒因為福音的緣故而在鐵窗下渡過了二十五年或以上的歲月。有少數人能走出監牢，並且著書講述他們的經驗。但大部分為神受苦的人都沒有任何著作，因為他們不想引起任何公眾的注意。他們視坐牢的日子為神給予他們的職事的一部分。他們的態度是：「如果在古拉格 (Gulog) 神能更有效地使用我，我就在那裏事奉祂吧。」

經過七十年的欺壓，俄羅斯的人民仍然在習慣自由。許多西方國家的基督徒受一個問題所困擾：為甚麼神會容許共產主義者欺壓人民七十年之久呢？對於這個問題，有很多負面的答案；但那天晚上，我們環繞飯桌而坐，那位牧師說出以下這個正面的答案：

經過這一切發生在我們身上的事情後，在俄羅斯的教會就彷似在一世紀時期的使徒教會一樣。除了對神一份單純的信心以外，我們一無所有。我們沒有許多令到西方的教會腐敗的東西。我相信在末世的日子裏，一個大復興將會來臨，而俄羅斯的教會會差派數以千計的宣教士到世界各處去。為了預備接受這個使命，我們必須被共產主義者欺壓。

這是「為耶穌的緣故而『捨己』」的部分意思。雖然這會要你賠上在世時一些寶貴的東西，但最終你將會成就的卻遠超過如果你選取一條容易的路所能夠成就的。

耶穌是否失敗？

甚麼才是你的上算？耶穌的一生是這個問題的最佳答案。試看一看祂的「事業」：

- 祂在羅馬帝國一個偏僻的省份裏一條寂寂無名的村落出世。
- 祂沒有進大學，亦沒有接受過任何專業訓練。
- 祂沒有銀行戶口。
- 除了身上所穿的衣服外，祂沒有擁有任何財產。
- 祂沒有公職。
- 祂沒有寫過書。

- 祂沒有妻兒。
- 祂的最親密朋友皆為藍領工人。
- 祂在低下階層人士中能釋然自處。
- 祂的事工包括在鄉村傳講福音，在會堂中教導，回答一些難解的問題，以及醫病趕鬼。
- 祂的對頭公開指責祂與魔鬼結盟。
- 祂因為揭露了很多權貴的罪行，而與很多有勢力的人結怨。
- 最後，祂的仇敵捉拿了祂，在非法的法庭中審判祂，把祂處死。

平心而論，以大部分現代的標準來說，我們都會覺得祂很失敗。祂從來都沒有「風光」過。如果有人浪費了自己的生命，那就是耶穌。

然而，試想一想，在經過二千年之後……

- 祂的話語在世界各地被記念和重複宣講。
- 在世界每一個角落都有祂的跟隨者，人數以千萬計。
- 祂所樹立的品格典範在憤世嫉俗者的攻擊和無知者的藐視下仍然站立得穩。
- 祂彷如悲劇的死亡成為了我們與神和好的管道。
- 祂在世被視為失敗的事工，現在成為了歷史上最成功的故事。

怎能如此呢？祂被羞辱到被奪取性命的地步，而且祂的死好像沒有成就任何目的。然而，透過祂的死，神把祂升高到整個宇宙的最高地位，「叫一切在天上的、地上的、和地底下的，因耶穌的名無不屈膝，無不口稱耶穌基督為主，使榮耀歸與父神」(腓二10～11)。

耶穌說明祂所做的一切的緣由：「一粒麥子不落在地裏死了，仍舊是一粒，若是死了，就結出許多子粒來。」(約十二24) 一粒種子能孕育出大豐收；但是那粒種子必須先死去才能結出許多果子來。若果那粒種子嘗試「拯救」它的生命，它仍然是一粒。但當它捨棄自己的生命時，它就會孕育出大豐收。

這個道理實在是簡單不過了。如果你嘗試「拯救」你的生命，最終你會「失去」它。但如果你敢於為了耶穌而「捨棄」它，最終你會「得著」它。耶穌的一生就是這個原則的最佳例子。

「事業」與「使命」

我們還有另一個角度去看這個捨棄與得著生命的課題。讓我問你一個問題：你的一生是一項事業，抑或是一個使命？

這兩個觀念差異極大。從字典中快速搜尋，可以得出兩者差異的核心：

- 事業由你自己選擇
- 使命由他人為你選擇

為了方便理解，我們可以列舉兩者很多方面的差異：

事業	使命
由你自己選擇	由神為你選擇
以所作為主導	以所是為主導
你對人生所定的目標	神對你的人生所定的目標
「我能做得到」	「比我更大」
「我現在就要得到它」	「我願意等候神」
讓我向上爬的階梯	我要走的旅程
現時的滿足	長遠的滿足
橫向的焦點	縱向的焦點
看得見的回報	非肉眼看得見的回報
快樂	喜樂
以目標為本	以旅程為本
「我的事業就是我的生命」 「我是專業人士」	「我的使命就是我的生命」 「我是門徒」
留下一點痕迹	達成神的旨意
盡力達到最高點	背起十字架
「願我的國降臨」	「願祢的國降臨」
積財寶在地	積財寶在天
焦點：表現	焦點：與神的關係

以市場為導向	以聖潔為導向
在意自己的形像	在意神

為事業而活與活在被派遣的使命中，兩者有很大分別。聖經從來都沒有談及要建立事業，建立事業並不是聖經關注的問題，活出使命才是。

那就已經是一切嗎？

這並不是說信徒沒有事業。我們是有事業的。我們有些人是畫家、醫生、電腦科學家、銀行家、護士、教師、作家。有些是家庭主婦和母親(一份經常被忽視的、該受尊崇的職業)。但分別卻在於：**世界的人為他們的事業而活；屬神的人卻不是這樣。**

當你的事業成為你生命裏最重要的元素，你爬上事業階梯時，你會變得被事業所牽引，頭腦亦被它充塞了。你只放兩年的時間在一份工作上因為你要找另一份更好的，這是「事業上好的躍進」。因為事業的緣故，你終止在某處的一切重要的人際關係，而搬到另一個國家去。為著某天你可到達的那個虛無縹緲的「最高點」，一切都是在你計算之內的籌碼。當你到達那處時，你的事業會變得完滿，世界亦會為你的成就而喝采。

我要指出的是，這樣對事業所採取的態度與所持的價值觀就正是耶穌所言的：「誰人愛惜生命，必喪掉生命。」你的事業可能妨礙你實現人生的使命；而你的使命也許永遠不如事業那樣合乎一般情理。

- 你的事業回答的問題是：「我以甚麼謀生？」
- 你的使命回答的問題是：「我的人生應該做些甚麼？」

如果你只吃飯、睡覺、上大學、拿個學位、結婚、找份工作、生幾個小孩、爬那條事業的階梯、賺錢、買一所在夏天渡假的房子、安安樂樂地退休、漸漸老去、然後死亡……那又有何不妥？這一切都無傷大雅，但如果它們就是你人生的全部，你跟不相信神的人真的沒有任何分別。

讓我們從另一個角度看：耶穌呼召祂的追隨者付上一切，為了得著祂的國度。這是對**所有**時代的**所有**基督徒說的，不只是「全時間事奉的基督徒」，例如牧師、宣教士等。假如你是電子工程師或律師，以下是神給你的那份工作的描述：

- 在作為電子工程師的巧妙掩飾下，你是宣教士。
- 在作為律師的巧妙掩飾下，你是宣教士。

擁有事業實在不錯，但為神活出一己的使命遠比這個好。

擁有事業，和在世人眼中做得好並沒有錯。到另一個國家發展亦不是犯罪。在上文我已經分享過一位好朋友的故事，他搬離芝加哥，因為他真的嘗試跟隨神對他人生的旨意。然而，動機卻比一切都重要。也許有兩個人發展相同的事業，而最終二人都能去到高峯。但其中一人可能完全是為他的事業而活，另一人卻視他的人生為神給他命定的神聖使命。正如耶穌說一個人喪掉生命；另一個人則得著生命。

問一下自己，耶穌擁有事業嗎？沒有；祂有來自神的使命，就是要成為這個世界的救主。從事業的角度看，祂所做的一切都沒有意義。被處死並不是在事業上好的行動。但祂的死使世界與神和好。那麼祂是成功，還是失敗？答案已經很明顯了。

一個有使命的人

所以我大力拍一下桌子，對我的朋友說：「我完全知道神想你做甚麼了。祂想你回到德州，完成那個博士課程，取得博士學位，在美國的刑事司法系統中作出貢獻。你明白你現在身處的位分嗎？我的朋友和我都同意美國的刑事司法系統是腐敗的，並且需要改革。但應該怎樣做？由誰來做？我沒法做得到。關於刑事司法，我只是一個門外漢。我可以表達我想要的，只不過那些專業人士不會理會我。我對刑事司法的細節底蘊都一無所知。我僅知的都是靠看律師梅森(Perry Mason)所主持的重播節目而來的。我在其中並無影響力。

「我們需要一些相信聖經的男女，他們曾受最高層次的刑事司法訓練，願意為了要到美國最高學府拿取學位而付出時間與犧牲，而又願意不以福音為恥，將信仰帶到課堂中去，嘗試——無論做得如何不完美——在美國的刑事司法系統中宣講耶穌基督的主權。我們可以在哪裏找到這樣的男女呢？他們必須是重生、曾受過聖經裝備的基督徒，亦要勇於發言。他們必須曾經接受最嚴格的訓練，並且到最前線付上代價，為要在日後帶來影響。

「我們真的需要這樣的男女，藉以在美國的刑事司法制度中帶來影響。在哪裏可以找到他們呢？你符合一切的要求。而你打算放棄那個課程。不要放棄。你可以在刑事司法系統中為神的國作出貢獻。我們總能夠有多一些基督徒警官，但我們能在哪裏找到足夠、曾受高層次訓練的人，去為神在刑事司法系統中直言呢？留在大學拿取你的學位吧。」

他感到驚訝，然後一抹微笑掠過他的臉龐。「牧師，我從來都沒有這樣想過。我大概只是想拿取一個學位，然後到某處任教。我從來沒有想過這會是神給我的使命。」

接著我說：「如果你只是拿取一個學位，藉以到某處謀一個教席，那就不要繼續了——我們已經有足夠的教授了。如果你拿取博士學位只是另一個在事業上的躍進，也不要繼續了——不值得這樣犧牲。但如果你相信神曾呼召你在刑事司法系統中為祂作點事，那麼你就需要那個博士學位，藉以能在發言上獲得別人的信任。一切都在乎你想要的是事業還是使命。」

一台全新的電腦

我的朋友返回德州了，而我就暗忖他將會怎樣做。大概過了一個月後，他寫了一封信給我，說他已經決定繼續完成那個課程。他在信末上加上了一段有趣的註腳。

他一旦決定要完成那個課程，他便知道要立即購買一台新的電腦。於是他四出搜羅，並且找到了一台價錢相宜的。在一個主日，他在教會裏無意中提及他要購買電腦的計劃。一位男士聽見了並說：「給我詳細的資料，我其中的一位下屬可以為你效勞。」我的朋友將他準備要購買的型號的詳細資料告訴那人，他就將之轉告他的下屬。

幾天後，那人說：「那並不是最化算的。你真正需要的是⋯⋯」但那符合我朋友需要的型號超出了他的預算數百元之多，他並未能負擔。

在我的朋友未能回應之前，那人說：「我跟妻子決定購買那台電腦給你，作為我們對你生命的投資。」這就是當你不再視生命為事業，而視它為使命時，將會發生的事。其他人都能看見你的異象，並且結隊支持你。

地上最大的使命

在總結這一章前，讓我列出關於你為基督喪掉生命這個真理的幾個含義。首先，**我們需要向我們的青少年人發出挑戰，令他們視自己的生存是為神的使命**。太多時候，我們的口吻都好像認為事業就是人生的一切。但如果人生最終目的就是完成學業、因而能開展事業及積聚財富，我們為何要保持純潔？我們基於甚麼動機要向試探說不呢？挑戰下一代去為耶穌而喪掉生命是我們惟一的希望。只有這樣做，他們才能擁有屬靈的後盾去抵禦那邪惡的洪潮。如果你最終只是在四十五年後到佛羅里達州退休，為甚麼要為了一個工商管理碩士(MBA)學位而投上你的人生呢？這是一個大的成就。但人生的總和卻須要比這個更多。

就讓我們挑戰我們的孩子，要他們達致一個遠比虛空的物質主義為高的標準。讓我們告訴他們要做一件在人生中惟一重要的事情——跟隨耶穌，參與在地上最大的使命。

第二：**每個基督徒都需要定期檢視一下所做的工作／使命**。太多時候，我們對神在我們身上的旨意感到痛苦萬分，是因為我們被事業而非使命主導。因此我們作出決定時，會純粹從世界的價值觀出發，考慮金錢、地位、影響力、名銜，工資、利益、停留在一條會平步青雲的路上、支持合適的人等等。但耶穌已經警告我們，你可以擁有以上的一切，但卻喪掉你的靈魂。跟隨耶穌才是通往生命的道路！

問題不在於你做甚麼來謀生，更深層次的課題是：你人生的目的是甚麼？為甚麼神把你放在地上？

以下這個快速的闡釋也許有助我們理解。近日一位朋友與我共晉午膳，跟我分享神正在他的生命做些甚麼。過去十年我的朋友都是一位國際貿易事宜的顧問。他曾在數間跨國企業服務，包括英國、巴西和意大利。他現正處於過渡時期，準備在中西部開設自己的顧問公司。當我們談到基督徒身處商界的意義時，我的朋友說了一些令我難忘的話：「如果你在現時工作崗位上感到快樂和有所建樹，你另謀高就的惟一原因就是要將你所得的押到神的國度去。」

這是一個了不起的洞見。為了耶穌基督，我們可以利用高位來影響世界。不要只是為了到達高處而爬樓梯。要明瞭到神放你在你現在身處的位置，「是為現今的機會」(斯四14)。要明白在每一個為你打開的門和晉升機會的背後，都站著那位掌管天地的主。當你爬到最高處時，要記住誰把你放在那裏。

有太多基督徒經常作出錯誤的決定，因為他們太過以事業為本，而非對焦於所受任的使命。如果你視生命中的一切都屬於主耶穌基督，一切都將會變得很不同。

一個令一切都變得不同的答案

殉道的宣教士吉姆．埃利奧特(Jim Elliot)曾說：「一個將自己不能永遠擁有的東西擺上，藉以賺取那永不能失去的東西的人，並不是傻子。」如果你嘗試得著生命，到頭來你會把它失掉。如果你為著耶穌喪掉生命，到最後你將會得著它。

如果你為著事業而活，你一生所作的在你死後十秒鐘已再無影響力。如果你為著神的國度而奉獻生命，所走的路也許不容易走，但由現在開始，直到一萬年之後，你都不會為今天所作的決定而感遺憾。

你是否擁有事業？還是正處於神所給予的使命當中？這個問題的答案會帶來重大的分別。

給個人／小組思想的問題

1. 大部分人都同意接受良好教育是絕對必須的。但要接受多少教育才足夠呢？在這章那個主要的故事中，那位男士最終取得博士學位。我們只有少數人會走得那麼遠。哪些聖經原則可以引導我們決定自己需要接受多少教育？

2. 事業的問題應該在甚麼時間考慮？在「為神履行使命」的原則下事業有甚麼位置？
3. 多個世紀以來，一些懷疑論者都譏笑耶穌是一個誤導人的拉比，嘲笑祂的生命是可悲的失敗。你可以搜集到甚麼證據支持這個指控？你又會如何反駁它？你認為耶穌基督的使命是甚麼？祂成功了，還是失敗了呢？請解釋你的見解。
4. 你如何衡量作者對早婚相對於先建立事業的討論呢？
5. 由於我們所有人都會有某種事業，我們可以怎樣確保我們的事業是人生使命的一部分呢？會否有兩個人擁有相同的事業，甚至是同事，但一人是為神履行使命，另一人卻只是攀爬事業的階梯呢？在日常的生活中，可否看得出兩者的分別？
6. 請細心閱讀馬可福音八章34至38節。現在想像耶穌正在對你個人說話。想像你們二人一起傾談，把對話演繹出來。這些話怎樣應用到你的興趣、嗜好、對職業的理想以及人際關係上？

進深

你已經發現了自己人生的使命嗎？不是你的事業，而是神將你放在地上的最基本原因。你的生命如何回應在本章中所討論的事業與使命兩者的分野呢？由下星期開始，每天花十分鐘思想神給予你人生的使命，並為這使命祈禱。把你的天份、屬靈恩賜，在人生中所發生的主要事故(無論是好是壞)，以及你對以下問題的答案：「神對我人生的目的是甚麼呢？」都加以考慮。然後寫下一句使命宣言，把它放在你每天都能看見的地方。記住它，並且至少與一個人分享。你將會因為看見你的人生正邁向一個嶄新的、更有目標的方向而感到驚訝。

註釋

1. 轉引自John Nieder, *God, Sex and Your Child* (Nashville: Thomas Nelson, 1988), p. 19。

第三章

一個最難作的禱告

有些禱告較其他的更難作，我在三十年前父親逝世時明白這一點。十月的一天，他感到肩膊疼痛。後來醫生說那是因為身體其他地方有細菌感染。最初情況並不嚴重，但他的病情卻沒有好轉，幾天之後他被救護車送往伯明翰市(Birmingham)，有整整一組醫生救治他。瑪妮和我由達拉斯駕車，在午夜之後抵達醫院。當父親見到我時，他對我說話，但我知道他已經病入膏肓了。

幾天之後我們回到達拉斯，之後接到一個可怕的來電。我們再一次趕回伯明翰，在無可指望之際，仍然抱有希望。但是連我這個未有受過醫學訓練的人都知道我的父親將不久於人世。那一天——那銘刻於心的一天——我趕去見他，但他已經不認得我了。他被上了麻醉藥，幾乎陷於昏迷狀態。我靠著深切治療部的外牆，痛哭起來，我不能否認父親正在垂危的事實，而我甚麼也不能做。

我肯定那天我必定曾經祈禱。說到底，我當時在神學院讀書，學習幫助別人靠近神。但當日我沒有用言語禱告。在那可怖的、徹底無助的一刻，禱告並不是自然地發出。所有神學都被撇在一旁，我只是知道我的父親將會死去。我亦不能說出「神啊，醫治他」這個禱告來，因為在我的靈魂深處，我知道神將不會應允這個禱告。我也不能祈求「神啊，帶他回家，結束那痛苦」，因為他是我的父親，那時去世也實在太年輕了。我的禱告只有「神啊」這兩個字。幾天之後，神滿有憐憫地介入，結束了我父親的痛苦。

在黑夜中禱告

大部分人都曾經有我的經歷。也許你也有。你曾站在摯愛的人病榻旁，覺得在當時祈禱幾乎是不可能的。或者你曾面對一個困境，在水深火熱之中，你真的不知道可用甚麼言詞去禱告。又或者在人生中某些時刻，你選擇不祈禱，是因為害怕神將會給你的答案。

這個祈禱的考驗能發生在最好的基督徒身上。在主日早上，祈禱似乎容易得多了。為甚麼在黑夜中禱告卻那麼困難呢？可能我們害怕神對我們的回應。如果我們祈求引導，而祂所指引的是我們不想走的路，那又怎麼辦？如果我們祈求智慧，而我們得到的智慧卻更像愚昧，那又怎樣？又倘若我們祈求忍耐，而所得的答案卻帶給我們更多的麻煩呢？

像天使多一點

這一切都不應叫我們驚訝。耶穌在教導我們主禱文時已經提示會有困難。在主禱文中其中一部分是：「願祢的國降臨；願祢的旨意行在地上，如同行在天上。」(太六10)從一個邏輯推論的角度，我們可以發現一個基本的難處：

1. 神對我的人生有一個旨意。
2. 神的旨意包含祂對我人生的許多心意。
3. 但我對自己的生命亦有許多意欲。
4. 神的旨意與人的旨意經常有衝突。
5. 當有衝突時，只能在神的旨意和我的旨意中任擇其一。
6. 當我作出「願祢的旨意成就」的禱告時，我是在祈求神的旨意淩駕在我的旨意之上。

這就是我們祈禱時要面對的基本難處。**當我們祈求神的旨意成就時，我們實際上是表示一己的意思在必要時要讓位了**。當你在醫院站在摯愛的人的病榻旁時，這樣禱告並不容易。

然而，這只是問題的其中一部分。耶穌教導我們祈求神的旨意「行在地上如同行在天上」。究竟神的旨意如何行在天上呢？如果神的旨意在天上的遵行者是天使（我想是）的話，那麼神的旨意就**每一次**都必會被遵行。詩篇一百零三篇二十節說：「聽從他命令、成全他旨意、有大能的天使，都要稱頌耶和華！」在天上，神的旨意**必然**成就；在天上，神的旨意是**在一瞬間**成就；在天上，神的旨意**完滿地**成就；在天上，神的旨意是**滿有喜樂地**成就的。實際上，耶穌叫我們祈求自己能像天使多一點（他們每一次都順服）和像邪靈少一點（他們永不順服）。那麼地上就會像天堂多一點，而像地獄少一點。

然而，在地上，神的旨意卻很少成就。說到底，在世上有五十億個不同的意志，但在天上只有一個。看看在你身邊發生的一切。神的旨意有被成就嗎？拿起報章，看看關於一個連環殺手的報導吧。看看在伊拉克、蘇丹的屠殺、在美國政府高層的貪污腐化、撒但教派虐兒儀式的猖獗等等。看來是另一人的旨意成就。

在某些層面來說，「願祢的旨意成就」彷彿是所有祈求中最無望成就的一個。許多時我們並非出於真心，而許多時也不見得這種祈求蒙應允。

「願祢的旨意成就」是一個很難做到口應心和的禱告。這也許是最難作出的一個禱告。雖然耶穌教導我們要作出這樣的祈求，但我們感到這樣祈求很困難至少包括以下四個原因。

難處一

我們很難作出「願祢的旨意成就」的禱告

因為這表示我們要放棄對自己的生命的控制

我們再次回到那個小小的邏輯推論：

1. 神對你的人生有一個旨意（或心意）。
2. 但你對你的人生也有一個旨意（或心意）。
3. 當你作出「願祢的旨意成就」的禱告時，你是在祈求祂的旨意凌駕在你的旨意之上。

在同一時間，只有一個旨意能被成就。讓神作主，還是你作主，二擇其一。控制權在祂，還是在你，二擇其一。作出這樣的禱告並不容易，因為你要放棄對人生的控制權。

但是，其實你根本就從來不能控制任何東西。那只是一個假象而已。

箴言二十章24節

最近我為兩位就讀一所本地基督教大學的學生主持婚禮。在綵排期間，我和一位來自那所大學的教授有很好的交談，他也會參與婚禮。在傾談中，他提起一節我從未想過的經文——箴言二十章24節（「人的腳步為耶和華所定；人豈能明白自己的路呢？」）。最初我並不覺得這節經文有甚麼特別。然而那個教授提到在經文第一部分所用的「人」字並不是常用的希伯來詞語。那裏所用的詞語指的是「大能的勇士」。舊約的作者特別採用這個詞來描述在戰場上驍勇善戰的士兵。這些是以色列的「有能之士」，有勇有能。

我們可以很合理地將經文的第一部分翻譯如下：「一個有能之士的腳步也為主所立定。」試想想這個年代的「有能之士」：喬治．布殊（George W. Bush）、鮑維爾（Colin Powell）、貝理雅（Tony Blair）、普京（Vladimir Putin），或是被歸入另外一個類別的能者：蓋茨（Bill Gates）、畢彼特（Brad Pitt）、德理克．傑特（Derek Jeter）、佩頓．萬列（Peyton Manning），以及杜林普（Donald Trump）。他們都是當今在世界中被譽為「有能之士」的人。但是數年之後（也許只需一至兩年），那份名單就會改變。再過二十年之後，名單可能會完全不同。這些「有能之士」都是自給自足、自己決定人生的人。然而那只是表象而已。所羅門說在一切有能之士的能力與形像背後，都是主自己。祂立定他們的道路。

這帶領我們到經文的後半部分：「人豈能明白自己的路呢？」在這裏被譯成「任何一個人」的詞實際上是希

伯來語用來指「人」的普通字眼。在這裏的上下文，有「只是普通人」之意。倘若連有能之士都不能立定自己的腳步，我們這些普通人又如何確定將來呢？倘若我們所景仰的那些人物都是在更高掌權者的恩手當中，我們又如何能完全明白人生的方向呢？答案是：我們不能夠。有能之士也不能夠。平凡的人不能夠。你和我都不能夠。沒有人能夠。

戴夫·德雷奇

想一想戴夫·德雷奇 (Dave Dravecky) 的故事。在八十年代末，他是職業棒球界中的其中一顆新星。他先後為聖地牙哥教士隊 (San Diego Padres) 和舊金山巨人隊 (San Francisco Giants) 效力。他以他的烈火快球和漂亮的拋球軌迹見稱，前途一片光明。

接著有事發生了。他的左臂出現了一陣奇怪的酸痛。檢查、活組織化驗過後，最後被證實是癌症。這令他的事業癱瘓了。經過了手術，和數個月的康復療程後，他首先重投入一些小型的球賽，接著東山再起，五天後他加盟蒙特利爾隊 (Montreal)。看過那場球賽的人不會忘記那一幕。他投球的時候，他受創後的骨折斷了。這一次是他棒球生涯的最後一役了。

數月之後，醫生切除了他的左臂和左肩的一大部分。這是徹底去除他體內的癌細胞的惟一方法。手術過後，他發表了一段簡短的講話，多謝朋友和支持者對他的愛與禱告。他說他期待著一個不再有痛楚的人生。

一個「短暫的挫折」

在這個道謝之後，他再沒有發表說話，直至他在奧蘭度(Orlando)的一個會議中講話，他的言詞被報章與電視台作全國性的報導。對戴夫．德雷奇來說，他的截肢手術只是一個「短暫的挫折」。他不能再打棒球，但他卻計劃游泳和打哥爾夫球及網球。他亦計劃作全國性的演講。

戴夫．德雷奇沒有像許多人般沉溺在自憐當中，他放眼將來。「我沒自憐這方面的掙扎。問題不是：『神啊，為甚麼是我？』問題卻是：『祢對我的計劃是甚麼？』」接著他回答了自己所問的問題：「我認為這是神給予我一個跟許多人分享福音的機會。」

從他身上，我們可以學到很多正面的功課。我在這裏只指出一點：沒有任何一個人，甚至好像戴夫．德雷奇這樣的有能之士，能夠立定自己的腳步。他肯定不會選擇那條主為他揀選的路。誰會選擇患上癌症，並且要失去一條手臂呢？但戴夫．德雷奇的路是由主所立定。許多人在相同的處境中已經滿懷怨恨，但戴夫．德雷奇卻明白自己的道路是由主所定，能夠公開榮耀神，實在值得我們欽佩。

「我每天都祈求：『願祢的旨意成就』」

我在想著另一位男士——他並不如戴夫．德雷奇般有名氣——但卻是一位不折不扣的「有能之士」。有很多年，他都向事業的最高峯前進。我不知道他有多少薪金，但卻肯定他的勞苦得到了相當優厚的回報。最近我們一起共晉午膳。他在表面上的豐裕只是故事的一部分。在他的生命中，他深知痛苦與憂患為何物。悲劇接踵而來。他的性格外向友善，跟他接觸，你會立即喜歡與他一起；然而，如果你細看他雙眼，你看見的會是沉重。只有他的密友知道他所背負的重擔。

現在他在工作上正處於極大的磨練之中。其中的細節並不重要。但每一天他都要面對上司不賞識他對公司作出的貢獻。他每天起床、上班、在臉上掛上笑容，都是一個真實的挑戰。

但當我與他吃午飯時，他顯得悠然從容。他怎能如此呢？在過去幾天，他的生命中有一個重大的改變。這是一個內在的轉變：他看事物的方式改變了。「牧師，我一直都是在追呀追。嘗試解決很多問題。嘗試找一條更好的出路。拿著自己的撲克牌，一張一張地打出去。但都沒有果效。主終於對我說：『你為甚麼不讓我接管呢？』所以我照辦。我告訴主祂可以接手。我的辦公室沒有任何改變。事情在變好之前，通常都會變得更壞。它們會令我很難受。但不要緊。我已經將一切都交給主了。這表示我不用為我的將來費盡周章。」接著他說：「我現在可以放鬆了。」他在惡劣的境況裏仍然保持正直。但單憑他的外表，你不會看出來。他已經掌握了一個偉大的真理，祈求「願祢的旨意成就」，表示對自己的生命放手。我的朋友跟我們一樣，都要透過困難的經驗來學會這功課。

在步行返回他的車子途中，他說「每一天我都作出『願祢的旨意成就』這個簡單的禱告。」怪不得他臉上掛著笑容。作這個禱告並不容易，因為這表示要放棄對自己生命的控制。但這並不等如你的生命會失控。它只是降服於神的掌管之下。

難處二

我們很難作出「願祢的旨意成就」這個禱告
因為我們往往懷疑神是否想我們得到最好的

作出這個禱告是那麼困難還有第二個原因。如果第一個難處觸及我們的意志，第二個難處則觸及我們的腦袋。第一個難處是實際的；第二個難處則是神學的。許多時我們對於讓神掌管我們的生命感到恐懼，我們擔心祂會令我們的生命變得一團糟。我們不會這樣說，但我們的實際感受卻是如此。

不只一次，我聽到人們說：「你想得到甚麼，便祈求相反的東西，因為神給我們的，總是與我們祈求的相反。」我們聽後會大笑，因為覺得它很荒謬。但我們有很多人都會暗地裏揣測這也許是真實的。我們所有人都嚐過禱告不蒙應允的挫敗滋味。也許我們只是祈求一樣微小的東西——好像為了週六晚的約會祈求一條新裙子，也許是祈求神送給你一頭短腿獵犬，也許你祈求神為你能進入某間大學而開路。又或許你祈求一些真的十分重大的事情——在摯愛的人的病榻前為他祈求，為一個走差了的孩子禱告，或者為一段岌岌可危的婚姻懇切祈求。當神不應允我們的禱告——或者祂並不如我們所期望那樣應允我們——我們會否禁不住去猜度神給予我們的，是否與我們所祈求的相反？

神知道我的名字嗎？

我們最大的疑難不是：究竟有沒有神？幾乎每一個人都同意答案是肯定的。甚至那些從不上教堂，和認為自己並不虔誠的人也會說有神。我們面對的更大的疑難是：有沒有一位在天上的神是真的關心我？數以百萬計的人——包括數百萬計表面上忠心地參加教會聚會的人——都暗忖那答案會否是否定的。在某處有一位神——肯定。一位關心我的神——不甚肯定。

也許有些人認為這反映了某種屬靈的精神分裂。你怎麼能夠在同一時間對第一條問題給予肯定的回答，而對第二條問題則給予否定或不大肯定的回答？這不是某種內在矛盾嗎？如果真的有神，毫無疑問，祂當然關心我。而如果這位神不關心我，誰會理會這位神是否存在？

但這兩個問題屬於兩個不同的層面。神存在與否基本上是思想性或邏輯性的問題。這是一個哲學上的議題。但神對人關心與否卻是完全不同的問題。許多時那些飽受痛苦，飽經苦難的人都會問這個問題。對他們來說，這個問題十分切身：「如果神關心我，祂怎能讓我的兒子死去？」或是「當我的丈夫失業時，神在哪裏？」又或是「為甚麼神不阻止那人射殺我的父親？」這些都不是關於第一因或設計論的抽象問題。這些都是在可怖絕望的深淵中發出的問題。

當你不肯定神真的關心你時，你如何能祈求「願祢的旨意成就」呢？但如果你知道——真的知道——祂想你得到最好的，你也許會敢於嘗試這樣祈求。但只要你仍然有懷疑，你便幾乎沒有可能作出這個禱告。

祂低下頭，死了

對究竟神關心我與否這個問題，可以有很多答案。但只有一個答案是真正重要的。那是一個在二千年前，在耶路撒冷城牆外神給予我們的答案。在一個炎熱的週五下午，羅馬人處死一個猶太人，他們視祂為一個煽動羣眾的暴民。到了後來他們才明白祂是誰。祂的名字是耶穌。祂來自加利利一個稱為拿撒勒的小城。祂的事工始於在會堂講道。當祂由一條村落去到另一條村落時，祂的名聲被傳開，有數以千計的人前來聽祂講道。最終當時的掌權者視祂為對他們的威脅，決定要剷除祂。他們花了很長時間用計謀陷害祂，而最終因為得到一位內奸的幫助而捉拿了祂。

耶穌被捉拿後，受到審訊、毆打、譏笑、侮辱、咒詛、虐待、掌摑、鞭打，和被戴上用荊棘造成的冠冕。最終祂被判以死刑。祂在十字架上被懸掛達六小時之久——赤裸地展示在世人面前、暴露於一切人與物之前、被羣眾謾罵、被敵人嘲笑，而愛祂的人則為祂哀痛。到最後，經過極度的痛苦之後，祂低下頭，死了。

祂的名字是天父

這一切之後，神說：「你是否仍然懷疑我對你的愛？」

對一些人來說，即使神的兒子為他們死仍然不足夠。但如果這還不足夠，神能夠做的一切都不能帶來任何改變。因為如果某人能夠將自己的獨生兒子獻出來，讓他受死，還有甚麼他會留下而不施予出來？和兒子相比，金錢根本算不得甚麼。

這解釋了為甚麼主禱文中的第一句句子——「我們在天上的**父**」是最關鍵性的。稱神為**父**表示你承認祂將祂的兒子為你釘十架的事實。**天父**並不是一個我們在禱告中把弄的字眼。這是基督徒的禱告核心。神配被稱為

「**天父**」，是因為祂做了良善的父親必須做的事——為了祂兒女的福祉，祂犧牲了祂最好的。

我滿有懷疑的朋友，望著十架吧。定睛於那位神的兒子。默想各各他的意義。那位在加略山的木頭上被釘死的是誰呢？祂的名字是耶穌。細看祂的臉龐。看看在祂手、腳和肋旁的傷痕。祂不是為了你受死嗎？你是否仍然懷疑神對你的愛？

這是難以作出這樣的禱告的第二個原因。我們很多人都懷疑神是否真的關心我們。而第三個原因卻帶領我們進到一個完全不同的領域。

難處三

我們很難作出「願祢的旨意成就」這個禱告
因為神的旨意有時包含苦難與痛楚

對耶穌來說，這是真實的。現在場景由耶穌教導門徒模範禱文轉移到星期四的晚上。那時已經很夜，或許是晚上十時三十分或十一時。主退到祂喜歡去的地方——客西馬尼橄欖園。祂留下了彼得、雅各和約翰，獨自在禱告中為將要發生的事掙扎。祂是全知的，完全知道祂死亡的時候已經到了。所有的東西都被顯明出來；沒有隱藏甚麼。祂來到世界就是為了這個時刻。沒有甚麼會叫祂驚訝——包括猶大那個邪惡的親咀、該亞法的譏笑言詞，以及彼拉多好奇的提問。那痛楚、那些血、那悲痛——一切都真實得似乎已經發生了。

但最痛的莫過於祂看見的黑暗。罪好像一團來勢洶洶的烏雲籠罩著祂。**罪**！一個令祂深惡痛絕的字眼。罪帶著最醜惡、最污穢、最墮落的勢力逼近祂，就像一個巨型的污水渠在敞開，內裏惡臭的穢物湧向祂。人能夠做的所有邪惡、所有數不盡的卑污暴行、人類最叫人倒胃的一切、以及從創世開始每一個男女的罪孽！

當耶穌看見那個盛滿人類罪孽惡臭的苦杯逼近祂時，祂在驚慄中畏縮。以下是祂的禱告：「我父啊，倘若可行，求祢叫這杯離開我。然而，不要照我的意思，只要照祢的意思。」(太二十六39) 這些不是不信的言詞，卻是信心的說話。這個禱告發自一位充分明白遵行神的旨意要付上何種代價的人的內心。

耶穌這樣祈禱有錯嗎？這是否反映了祂對神欠缺信任？我認為不是。沒有人比耶穌更決意要遵行神的旨意。祂禱告不是因為祂想在遵從神的旨意上獲得豁免。祂禱告是因為祂知道遵從神的旨意要付上何等大的個人代價。祂願意付上這個代價，只是當祂在恐懼中看見那「苦杯」逼近時，祂不禁問那杯可否被挪開。

如果連耶穌在絕境中也要為遵行神的旨意而掙扎，我們這樣做時應該感到驚訝嗎？如果連耶穌作出「願祢的旨意成就」這個禱告也感到困難，我們怎可能覺得比較容易呢？耶穌是我們最佳的典範。祂讓我們看見祈求「願祢的旨意成就」要付甚麼代價。那代價就是祂的性命。怪不得祂在客西馬尼園要如此掙扎。

地下教會

數年前，《讀者文摘》刊登了一篇題為〈中共踐踏宗教自由〉（"China's Daring Underground of Faith"）的主題文章。[1]文章報導有關林獻羔牧師的故事。他是中國大陸地下教會運動的其中一位領袖。當共產黨在一九四九年開始統治中國的時候，大部分基督教事奉人員都逃離中國。林牧師亦被獲委任在香港的一個地方教會當牧師。但他拒絕了這個機會，選擇留在廣州，與他的同胞一起。雖然當時關於大規模殺害基督徒的傳言甚囂塵上，但林牧師仍然留下來，因為他覺得他「有責任為主受苦」。

敲門聲終於在一九五五年響起，林獻羔在監獄渡過了十六個月，被釋放後，又再被收監，其後在不同勞改營服刑，直至一九七八年。出獄後不久，他便恢復了他的事奉，建立了一間有數百名會眾的教會。現在讓我們快速進到一九九〇年。

在一九九〇年二月二十二日一次晚堂崇拜後，公安闖進林牧師的狹小住所。他們充公所有聖經和油印的宗教小冊子，還有聖詩集、錄音帶、錄音機、一部風琴，和一台油印機。他們亦拿走了他的會友名單。

當局警告林牧師的會眾不可再參加他的崇拜，也命令他停止講道。有一段時間，他遵從這個命令。但他內心一直在掙扎，最後他覺得神呼召他再去傳道。當他恢復事奉後，公安多次傳了他去問話。面對所有的嚴厲要求，林牧師只是平靜地說：「我在你們的監獄裏渡過了二十年，現在我甚麼也不怕。」

文章的作者這樣結束他的故事：

> 臨離開林獻羔的住所時，我問他認為自己會不會再次入獄。「也許會，」他答道，「不過我們是基督徒，困難能使我們更接近上帝。」他停頓了片刻，然後簡單地加了一句：「請為我們禱告。」（頁38）

不要讓那句話在你耳邊悄悄溜走。「我們是基督徒，困難使我們更接近上帝。」這位弟兄明白祈求「願祢的旨意成就」的意思。他知道這個禱告有多難，但他仍然作出了這樣的祈禱。

「願祢的旨意成就」**是**一個很難作出的禱告。耶穌知道。林牧師知道。那些知道但仍然這樣禱告的人是有福的。

難處四

我們很難作出「願祢的旨意成就」這個禱告因為你在祈求不向現狀低頭

神的旨意很少在地上成就。許多在地上發生的事情都明顯並非神的旨意。墮胎……有毒癮的嬰孩……破碎的家庭……猖獗的色情物品……男人忍受饑餓，女人面對嚴寒，兒童衣衫襤褸……種族歧視和仇恨……逍遙法外的連環殺手……高官的貪污腐敗等。

有時神好像睡著了，而撒但卻在掌權。現在細心默想這句話：**神並不接受現狀**。神並不接受撒但僭奪了祂在世界上的位置。神並不接受罪永遠支配這個世界。神並不接受殺戮永遠繼續下去。當世界走向地獄時，神並不袖手旁觀。

神並不接受現狀！

事實上，祂差派祂的兒子來到世上的目的，就是要改變現狀。先知不能藉說話完成的使命，祂的兒子藉道成肉身來成就。在伯利恆，神向世界宣佈一個信息：「事情將會改變」。

倘若一切都沒有問題，神為甚麼要差遣祂的兒子來到世上？情況實在不妙。一切都出錯了，錯得很厲害，而且每況愈下。因此神以最震撼的方式介入人類歷史。

不要默許現狀

祈求「願祢的旨意成就」是追隨神對抗現狀。這個禱告跟一切背道而馳。在一個神的旨意得不到成就的世界裏，我們祈求神的旨意將會成就。這些是戰鬥的話，對抗地上一切邪惡和錯誤。太多時候，當我們祈求「願祢的旨意成就」時，我們以敬虔為名，但卻默許現狀：「神啊，由於我無力遏止時勢，願祢的旨意成就吧。」有時我們以此為藉口，不對周圍的罪和苦難感到憤怒。

但如果神不接受現狀，我們也應當如此！

讓我坦白地說：祈求「願祢的旨意成就」是由神所命定的反抗行動！這個禱告不屬於懦弱和膽小的人，只有「惹事生非者」和「滋事份子」才會作出這個禱告。那些望著四週的一切破壞的信徒會作出這樣的禱告，並且會說：「我很憤怒，我不會任由這個情況繼續下去。」

因此這個禱告必然會帶來進一步行動。如果你看見不公義，你不能夠漫不經心祈求「願祢的旨意成就」，然後走開。若果你真的由衷地希望「願祢的旨意成就」，你會跳進那場爭戰中，為成就神的旨意出一分力。

直至你放手你才會明白

讓我總結我在這一章說過的話：「願祢的旨意成就」是一個很難作出的禱告，原因最少有以下四方面：

1. 我們要放棄對自己人生的控制。
2. 我們許多人都懷疑神是否真的關心我們。
3. 祂的旨意可能包含痛楚和苦難。
4. 神的旨意往往沒有在地上成就。

以上每一點都是真確的。然而，耶穌叫我們這樣禱告。

在作出這個禱告時掙扎並沒有錯。畢竟，耶穌自己也掙扎過。但多年以來，我發覺那些能夠說出「我已決定放手，讓神掌管我的生命」的人是最快樂的。我們很多人緊握拳頭過活，嘗試控制那不能控制的，嘗試策劃所有的境遇，亦嘗試令我們的計劃生效。所以我們緊緊抓住我們所珍惜的東西——我們的事業、名聲、快樂、健康、兒女、教育、財富、資產，甚至我們的配偶。我們甚至緊抓自己的生命。但我們牢牢抓住的東西根本從未屬於我們。他們總是屬於神的。祂只是暫時將它們借給我們，在適當的時候，祂會收回。

快樂的人懂得不抓緊他們十分珍惜的東西。我見過最快樂的人，是說：「主，好吧，我放手了。我現在想放鬆下來，讓祢掌權」的人。

你現在為甚麼而掙扎？你抓緊甚麼，令你雙手差點受傷？你害怕將甚麼交給神？無論那是甚麼，當你最終能放開手，說出「願祢的旨意成就」時，你便會快樂得多。然而，直至你放手，你才會明白。

魯益師(C. S. Lewis)曾說世上只有兩種人：有一種人向神說：「願祢的旨意成就」；另有一種人，神最終對他們說：「願你的旨意成就」。你是哪一種人？

一個簡單的禱告

以下是一個簡單的禱告，也許可以幫助你放鬆你緊握的東西：

主啊，願祢的旨意成就——
不多，
不少，
沒有其他，
阿們。

正如通常的情況那樣，我們作出這樣的禱告，都蒙神呼召去成為答案的一部分。我們需要祈求「願祢的旨意成就」，然後要看見神的旨意**的確**在我們的生命裏成就。

願祢的旨意成就……
在我的生命中
在我的家庭中
在我的財務中

在我的事業中

在我的兒女中

在我對將來的夢想中

在我的言語中

在我的友誼中

在我的世界中

當我們這樣祈禱時，神總會樂意應允我們。那未必是我們想要或期望的答案，但答案**一定會**來到，我們也不會後悔曾這樣祈求。而最美好的，就是當我們作出這樣的禱告時，是盡上了自己的綿力，去令世界多一點像天堂，少一點像地獄。

給個人／小組思想的問題

1. 你曾否面對一個時刻，是絕望得令你感到不能祈禱？你能否想到一個時刻，是你害怕祈求「願祢的旨意成就」，因為你害怕神將會給你的回答？請描述你的經歷和神的回應。
2. 說神的旨意很少在世上成就是甚麼意思呢？請解釋你的答案。
3. 你認為神揀選戴夫．德雷奇經歷如斯的敖煉的原因是甚麼？他的榜樣對你說甚麼？
4. 耶穌在客西馬尼園祈禱時，是否欠缺對神的信心？

如果答案是否定的，那麼「倘若可行，求祢叫這杯離開我」是甚麼意思？

5. 你對於「神並不接受現狀」這句話有甚麼感受？「願祢的旨意成就」這個禱告在甚麼意義上是由神命定，對抗世上的邪惡的行動？
6. 有甚麼事會發生在一個拒絕祈求「願祢的旨意成就」的人身上呢？

進深

當你祈求「願祢的旨意成就」時，你是在祈求將生命的主權由自己移交給神。試回想過去二十四小時所發生的事。誰在掌權呢——是你還是主？甚麼迹象顯示你嘗試控制自己的生命？請把以下適合用來形容你的字眼圈出來：急躁易怒、強人所難、焦慮、恐懼、憤怒、過度活躍、退縮、強烈的迫切感、衝動、好批評、神經過敏、完美主義、專橫、擔憂。花一點時間祈求神將你從總是要控制一切的需要中釋放出來。

註釋

1. "China's Daring Underground of Faith", in *Reader's Digest*, August 1991, pp. 33～38.

第四章

烈火般的試煉

在一九四三年四月五日，潘霍華(Dietrich Bonhoeffer)因對抗納粹德國的極權統治而被蓋世太保(Gestapo)逮捕和收監。有數年的時間，他公開抨擊納粹黨，最終被補。眼見自己的國家跌進深淵裏去，他覺得自己不能保持沉默。兩年後，距離第二次世界大戰完結只有數星期，他被帶到布艮瓦爾德集中營(Buchenwald Concentration Camp)，面對死刑。在四月八日星期日，他為其他囚犯主持禮拜。在結束禱告後不久，大門打開，兩個文職人員進來說：「囚犯潘霍華，跟我們出去。」

每個人都知道這是甚麼意思——絞刑台。其他的人很快地跟他道別。一位來自英國的戰爭倖存者憶述那一刻：「他領我到一旁說：『這是完結；但對我來說，卻是生命的開始。』」翌日他在浮生堡監獄(Flossenburg Prison)被吊死。那位見證他的死刑的政府醫生形容他勇敢、鎮靜，並且虔誠地走到最後。「透過那扇半掩的門，我看見潘霍華仍然穿著囚衣，跪下熱誠地向他的上主禱告。我在這位非凡的人的禱告中，看見那份委身，他對禱告必被垂聽的確信是那樣的明顯，這一切深深感動我。」

「這是完結；但對我來說，卻是生命的開始。」是甚麼令一個必死無疑的人說出這樣的話？在哪裏可以找到這樣的信心？這樣的人已經發現了那超越死亡的「活潑的盼望」(彼前一3)。除此之外，你還可以怎樣解釋？

為甚麼神要賜下試煉？

英國新聞工作者馬爾科姆．馬格里奇(Malcolm Muggeridge)在有生之年成為了基督徒，在晚年時說：「和人們的預期不同，我回望那些似乎特別悲慘與痛苦的經驗，卻感到特別滿足。事實上，我學到的一切，每一樣真正提昇和啟迪我生命的東西，都是透過苦難，而不是透過快樂得到的。」

每一個愛思想的人都會問，為甚麼神賜下試煉給祂的兒女。你不用多久便要面對這個問題。可能是一場大病、一位你喜愛的人去世、失去工作、婚姻破裂、子女的問題、一段時期的抑鬱、財政困難、或是因為信仰受到嚴厲逼迫。這些事情早晚會發生在我們身上。倘若你從未深思過為甚麼神容許這些事情的發生，便應該好好想一想。

我們打開聖經，便可以找到很多不同的角度幫助我們明白為甚麼神的兒女會有考驗。彼得前書一章6至7節說出一個我們需要知道的重要洞見：「因此，你們是大有喜樂；但如今在百般的試煉中暫時憂愁，叫你們的信心既被試驗，就比那被火試驗，仍然能壞的金子更顯寶貴，可以在耶穌基督顯現的時候，得著稱讚、榮耀、尊貴。」這段經文沒有回答我們對生命裏的試煉、煩惱和苦難所提出的所有問題。沒有任何一段經文能夠這樣。但這卻能夠給我們提供一個重要的框架，讓我們在生命裏最糟的時候看見神的手在工作。

在我們細心研讀這段經文前，讓我們先留意兩個重要的字眼。第一個是在6節結尾的「試煉」，希臘文為「*peirasmos*」。這個詞在新約裏經常出現。它的意思可以是「考驗」、「試驗」，甚至是「試探」。視乎上下文而定，它可以有正面或負面的涵義。我們在學校面對測驗，只得合格或不合格兩個結果。在人生中的測驗也是一樣。**神賜下那些考驗，藉以將隱藏在人心的東西顯露出來。**同一件事可以同時是考驗和試探。也就是說，那可以是神用來試驗我們，而撒但則利用它作為試探我們的機會。一切都取決於我們如何回應。

當麻煩來到時……

- 我們可以向神祈禱，或變得苦毒。
- 我們可以變得安靜和深思，或者開始埋怨。

- 我們可以變得溫柔和充滿憐憫，或者變得苛刻和殘酷。
- 我們可以學習對神有一種嶄新的信靠，或者叛逆祂。
- 我們可以勇敢起來，或者屈從恐懼。
- 我們可以靠近神，或者轉離祂。

在所有情況下都是面對同一件事——但結果卻大為不同。這取決於我們如何回應。

第二個詞語是來自6節的第一個詞組：「因此，你們是大有喜樂的。」花一點時間想一想**喜樂**這個詞根。甚麼是喜樂？這是一個很難介定的詞語。我們知道喜樂(joy)和快樂(happiness)是不同的。快樂繫於環繞，而且隨著情緒的變化而來去匆匆。但喜樂則來得深邃一點、雋永一點，因為它來自神。昨晚當我思想這個問題時，一個想法湧現：喜樂來自對神感到滿足。當我們對神感到滿足時，縱使在人生最艱難的時刻，我們仍然有喜樂。切斯特頓(G. K. Chesterton)形容喜樂為「基督徒生命中那個強大的秘密」。他說喜樂總是在基督徒的中心，試煉則只是在生命的外圍而已。我將這些想法整合，得出這個結論：喜樂是面對現實的能力——或順或逆、或喜或憂、正面的、負面的、最好的、最惡劣的——只因我們對神感到滿足。

從這個角度來看，喜樂與試煉並無抵觸。他們彼此相屬。

彼得前書一章6至7節教導我們四個有關人生試煉的真理。

真理一
我們遇到的試煉是短暫的

彼得一開始就向讀者保證，他們的試煉只是「短暫的」(6節)。當然，當我們在熔爐中的時候，那段「短暫的」日子彷似永恆。在一個週日的大清早，我問一位男士他的近況如何，他搖頭說：「所有事情都正在崩潰。」我請他細聽我的講道，因為我準備宣講人生的試煉是短暫的這個真理。他暗笑，並且說：「對於我來說，它們並不短暫。」我們都明白這點。當你在醫院，坐在摯愛的人床邊時，時間緩慢得彷似停頓了。當你的婚姻破裂，孩子行差踏錯，或者你失業，不夠錢支付賬單時，這些試煉彷似會永遠繼續下去。彼得怎能說我們的試煉只是短暫的呢？

答案是，和永恆相比，今生的一切都是短暫的。這是觀點與角度的問題。如果我說我認識一位能長時間閉氣的人，我所指的是兩三分鐘的時間。這是一個很長的閉氣時間。但如果某人說：「雷牧師，你在加略山紀念教會已經好久了。」那人所指的是十五個年頭。在這個年代，一位牧師在同一所教會牧養十五年，已經是一段很長的光陰。我們的試煉可能持續數星期、數月、數年、甚至幾十年；但從永恆的無盡歲月來看，即使今生最嚴峻的試煉都只是短暫的。我們的問題是我們某種屬靈的近視，我們視今世為「真正」的世界，而把永恆視為無物。神從沒有要我們否定試煉的殘酷現實。祂只是叫我們從祂的角度看我們的苦難。

我一位很有智慧的牧師朋友最近寫信告訴我，他說他的責任不單是幫助他人活得好，更要幫助他們對天堂有期待地活著。「要預備他們如何好好地行完人生的最後一程，對天堂感到興奮、沒有遺憾。」他接著提到一位男士，他是在醫生替他安裝心臟起搏器時去世的，因為醫生錯誤地夾了他的一條動脈，還懵然不知。那位男士一直都很健康，但生命卻突然間結束。一切都只因一條金屬線的一戳而改變了。我的朋友說他現在多了想這種事情，因為他已年屆五十，他已看到跟他年紀相若(和比他年輕)的人陸續離開世界。

我們年輕時，死亡彷彿只是一個理論問題；即使它真的來臨，也似乎距離我們自己的經驗相當遙遠。但時間會改變我們的想法。我的朋友提及他教會裏的一個九歲男童，他腦部生了一個惡性腫瘤，化療無效，要接受放射性治療。他的視覺很快便衰退了。「每一次我看見他或想起他時，我都意識到，除非主介入，否則我對他的服事就是幫助他帶著喜樂和對基督的期待去世。我亦要幫助他的父母明白，他們兒子的短暫生命是一種得著，而非損失。」我的朋友所說的話都來自神的心腸。跟永恆相比，對所有人來說，人生都是短暫的。而在最惡劣的試煉當中，我們能夠喜樂，因為我們知道這些試煉都不會，也不能延續到永遠。

真理二
我們的試煉是必須的

請留心彼得如何演繹：「但如今，你在百般的試煉中暫時憂愁。」其希臘原文為「若是必須，憂愁一段短時期。」彼得不能確定他們會受苦多久，但他卻知道那受苦是必須的。或長或短，每一位信徒總會遇上艱難的時候。那些困難會以不同的形式出現（當我在一個主日的早上這樣說時，在禮拜堂後面傳來了一聲「阿們！」），而且會一再出現。每一位信徒都會遇上逆境，無一倖免。有些人多一點，有些人少一點，但所有人都分嚐彼得所說的「百般的試煉」。那些試煉是必須的，因為它們幫助我們在靈命上成長。怪不得馬丁路德形容逆境為「我圖書館中最好的書」。而懷特菲德（George Whitefield）亦宣稱說：「神在我們的床上放刺果，藉以叫我們儆醒。」也許這是你昨天晚上不入能睡的原因。那些試煉證明我們是屬神的人。

當我寫下這些文字時，我的朋友凱瑟琳．費爾斯（Catherine Faires）正在跟卵巢癌搏鬥。經過首輪治療後，病情似乎緩解了。幾個月後，醫生們告訴她癌病復發了。她透過電郵讓朋友們知悉她的情況。看過她的最新近況後，我跟她通電話，並且獲得她的允許，在這裏分享她寫下的話。「倘若我的故事能幫助別人和帶給神榮耀，這就是我所想的。」以下是她寫給朋友的電郵節錄：

> 有一天我收聽收音機，聽到一首由阿瓦隆(Avalon)樂隊主唱的歌曲，名叫《愛的見證》(*Testify to Love*)。這是我的教會在崇拜裏所唱的其中一首歌。我驟然以一個嶄新的角度領略以下的一句歌詞：「在我有生之年，我會見證何謂愛。」統計數字告訴我，曾經復發、轉移性的卵巢癌只會讓我剩下六至八個月的壽命。我知道「我的有生之年」不會很長(除非神介入)，而這卻令那句歌詞於我更有能力。
>
> 無論剩下多少時間與氣力，我也會見證神曾為我做的事情，以及對於我來說，神是誰。噢……我忘記告訴你們，我覺得「愛」是很空泛的，所以我將在歌詞中的「愛」字改為「神」字，跟著收音機的播放哼起來。我意思是世界上有很多種「愛」，而我想清楚表達我所說的是甚麼意思。我想深一層，人對「神」都可以有不同的理解，因此也許我需要強調我所指的是「聖經裏

的神」，但加了這麼多個字，又會使歌詞與旋律不符⋯⋯

以下是神最近為我所做的事：昨天神在醫院安排我遇到一位基督徒護士，她見證神在她身上所作的工，鼓勵了我。神賜給我一些會致電和到醫院探望我的好朋友。神利用這個病，使我再次聯絡久違了的研究院同窗。從今個春季教會所辦的姊妹退修營開始，我就被提醒神是我的「第一個愛人」，所以我將日記寫給「我的愛人」，而這令到死亡這個意念沒有那麼嚇人。

為著這一切禮物，我讚美神。為著我參加了州立大學退休計劃 (State University Retirement System, SURS) 而得到的傷殘津貼和卓越的健康保險計劃，我讚美神。請繼續為我的身體對新藥的反應而祈禱，雖然我希望那藥物不會令我脫髮！(這是很普遍的副作用。) 請祈求聖靈充滿我，並且使用我為主作見證。

多謝你們每一位。

凱瑟琳

我向你提供凱瑟琳．費爾斯這個活生生的見證，藉以鼓勵你在甚至不知道明天生命會否繼續時，你仍然可以信靠神。只有藉著神的恩典，她才可以在這烈火般的試煉中仍然寫下這些話。

真理三
我們的試煉能夠煉淨我們

我們已到了彼得的信息的核心。試煉來臨，為了「叫你們的信心既被試驗，就比那被火試驗仍然能壞的金子更顯寶貴」(7節)。請留意在經文中的「叫」字。把它圈起來、用熒光筆在下面劃線。沒有其它詞語比這個更具盼望和為我們所需。**「叫」這個字告訴我們，臨到我們的試煉是有目的的。**它們並不是出於偶然，或出於一些命運隨意的安排。神的兒女身上是沒有「意外」的。每一件事發生都是有原因的。雖然我們也許不能透視那個原因，但如果我們知道事件的背後存在著神的目的，我們便可以持守信心。

彼得繼續解釋神賜下試煉，藉以試驗和煉淨我們的信心。「被試驗後的信心」的希臘原文意思是，試驗一些東西，藉以證明它是不會失效的。讓我闡明一下。雪佛蘭(Chevrolet)測試福特汽車廠(Ford)所出產的輕型貨車的目的，是要證明福特貨車將不能通過測試。但當雪佛蘭試驗自己的車廠所出產的輕型貨車時，他們的目的卻是要證明他們的貨車是能夠通過測試的。這就「被試驗後的信心」的希臘原文的用意。**神透過艱難的日子試**

驗我們的信心——並不是要摧毀我們，而是要證明我們的信心是真實的。請留意信心與精金的對比。你知否要用四公噸的黃金礦砂，才能夠提煉出一安士純金？在提煉過程中，黃金礦砂要被放在一個巨大的熔爐中加熱，直至被液化；那些雜質和渣滓會被剔除，只剩下底層的純金。

在古時，鑄金匠以黃金能否反映他們的容貌來衡量黃金的精煉程度。這就是神賜下試煉的目的。祂把我們放在熔爐中，燒盡我們的貪婪、急躁、不仁、憤怒、苦毒、情慾和自私。對大部分人來說，這是一生之久的過程。但到最後，耶穌的形像就在我們裏面形成了。我一次又一次地看見這成聖的過程在受苦的信徒身上發生。「喬，我覺得你很像耶穌。」「桑德拉，我在你的面上看見耶穌。」

神想證明你的信心是真實的，而試煉就是最可信的明證。在風調雨順的日子，我們或許可以講一些聽起來很屬靈的說話，但我們在面對人生的各樣衝擊時的反應才說出我們信仰的真實光景。神向我們、向我們所愛的人、以及在世界的其他旁觀者「證明」我們的信心。在教會的四堵牆以外，有成千上萬的人觀看著我們怎樣生活。他們也許不明白我們所信的，但卻遠距離地看著我們如何面對逆境。而縱使他們不能完全明白，他們也會被一個信徒在苦難中所持守的信心深深感動。他們知道我們的信心是真實的，而這亦驅使他們進一步靠近耶穌。

以下就是信心的功課的實踐：

- 你失去了金錢，但賺了虔誠的信心。
- 你失去了健康，但賺了忍耐的信心。
- 你失去了工作，但賺了百折不撓的信心。
- 你失去了摯愛的人，但賺了哀慟的信心。
- 你失去了朋友，但賺了勇敢的信心。

透過這種形式，神在我們的試煉中孕育了勝利。神把我們從絕望的深淵中，提拔到信心之巔上。苦難造就聖人，除此以外，別無他法。

真理四
我們的試煉具有永恆的價值

經文還提及到最後一個關於試煉的真理。神賜下試煉，藉以試驗我們的信心，目的是「可以在耶穌基督顯現的時候得著稱讚、榮耀、尊貴」(7節)。在一般的情況下，我們只會將在經文上讀到的稱讚、榮耀和尊貴等字眼與耶穌基督本人聯繫。但彼得說我們也可以獲取稱讚、榮耀和尊貴。也就是說，主親自賜予我們稱讚、榮耀和尊貴。說得恰當一點，因為我們在今生的試煉中持守信仰，我們得以在屬於主的稱讚、榮耀與尊貴上有份。這真是了不起。當主親自替祂忠心的信徒戴上榮耀、稱讚和尊貴的冠冕時，那天上的一幕會是多麼美妙啊。我想像耶穌會說：「父神，這是瑪里奧。在地上他因我的緣故而受苦，而他從未否認我。他是一位忠於我的人。」當耶穌說出這些話時，在整個宇宙聚集的會眾都歡呼喝采。而這一幕會一再上演，這是那些曾經在今生受了很多苦，忍受別人的嘲笑、憎恨，和殉道者因為忠心而得到的肯定和獎賞。同樣，那些曾以喜樂忍受病痛，或者失去財產卻沒有放棄信仰，或者在地上歷盡艱辛卻沒有放棄的人，都會被主表揚和視為寶貴。

當耶穌再來時，我們將會知道我們的試煉成就了甚麼。我們會看見一些似乎毫無用處和不公平的事，原來是神釋放恩典的工具。我們也會發現一些我們曾經認為是沉重甚至是殘酷的事情，也會被神的慈憐蓋過了。

而我們所有人都會說：

- 「當我以為祂離我最遠時，祂原來近在咫尺。」
- 「當我失去繼續相信的信心時，祂仍然信實。」
- 「透過加諸我的試煉，祂使我的信心成長。」
- 「祂使用我的信心，藉以鼓勵他人。」

現在我們看這一切都模糊不清，但到了那日，一切都會一目了然。而當我們回望一生所走過的路時，我們會發現沒有東西被浪費掉。因為神知道祂自己由始至終的作為。

最後的三個想法

在我們總結這章前，以下有三個關於我們在人生中或早或晚所要面對的艱難的想法。

艱難是我們應該預期的事。

有了我們的主在二千年前所忍受的一切，我們怎能說：「我不能相信這種事情會發生在我身上！」如果我們能打開眼睛，面對在現實中的試煉，明白到苦難是神所給予我們的靈命成長必修課程的第一課，情況就會好得多。

艱難要使我們更加靠近神，而非遠離祂。

雖然可能顯得奇怪，但我們的艱難是神對我們的愛的一個印記，因為祂所愛的，祂必管教（見來十二4～11）。也許有些人會說：「倘若是這樣的話，神一定**非常**愛我。」我肯定祂是，而你所經歷的一切試煉、淚水和混亂都不能否定祂對你的愛。魯益斯曾經說，神在我們的順境時向我們微聲細語；但在我們的逆境時，卻向我們大聲疾呼。他形容痛苦為「神的揚聲器」，藉以喚醒這個沉睡了的世界。許多時，神透過苦難跟我們說話，因為我們只有落到如此的地步，才會聽祂。

艱難是要被運用、而不是被浪費掉。

我們在困苦裏實在難過，亦沒有甚麼美好可言。但神卻能將之運用，為我們帶來好處，也給祂自己帶來榮耀。祂要透過我們回應試煉的方法來證明我們的信心是真的。試想想：

- 在試煉之前，我們的信心**未被考驗**。
- 在試煉之後，我們的信心**增長**了。

被神肯定的信心能夠帶給祂很大的榮耀。這是給我們所有人的好信息。

- 神不是尋找有學識的人。
- 神不是尋找富有的人。
- 神不是尋找有才華的人。
- 神不是尋找外表漂亮的人。
- 神卻是尋找曾經通過了烈火般的試煉的忠心信徒，他們讓全世界看到：「此人的信心得到神肯定。」

我寫下這些文字時，我肯定你們有些人正在此時此刻經歷一些極困難的處境。神正在對你說甚麼呢？

- 這不會永遠持續下去。
- 這對於你的靈命成長是必須的。
- 這是要幫助你，而不是傷害你。

如果你正在熔爐當中，要大有喜樂。**因著祂的慈愛，你的天父將你放在那裏。**有一個主日，一位男士告訴我他正在被「燒烤」。但他似乎沒有一絲憤怒。他知道那痛苦能夠幫助他成長，以及藉著神的恩典，他可以成為新造的人。**在熔爐之中，你身上沒有任何有價值的東西會被奪去。**被除掉都只是一些你根本不需要的雜質。

喜樂與試煉

我再次回到在此章開始時所提到的兩個詞語：**試煉**與**喜樂**。現在我們可以看清楚這兩者如何互相效力。

作為基督徒，我們不是先有喜樂，後有試煉；或先有試煉，後有喜樂。

而往往是在同一時間內，喜樂和試煉彼此效力，互為一體，因此我們在試煉之際有喜樂，在試煉之外有喜樂，在試煉之內也有喜樂，甚至即使有試煉仍然感到喜樂。因此在詩篇三十四篇8節，大衛提及他的恐懼與艱難後，能夠說：「你們要嘗嘗主恩的滋味，便知道祂是美善！」事實上，祂的憐憫永遠長存，但大部分人卻要身處熔爐才能夠發現這個真理。耶穌在我們最悲慘的日子裏走近我們，而在我們最需要祂時，祂就在那裏。

當艱難來到，我們應該說：

- 主，無論要經歷甚麼，請在我身上作工。
- 無論要經歷甚麼來潔淨我，請在我身上作工。
- 無論要經歷甚麼來建立我的信心，請在我身上作工。
- 無論要經歷甚麼來令我更像耶穌，請在我身上作工。
- 如果這意味我要經歷一段「在熔爐的日子」，請在我身上作工。
- 如果這意味我要在今天經歷一些試煉，並在明天經歷更多試煉，請在我身上作工。
- 主，我希望我的生命能得到祢的肯定，所以請在我身上作工。

這是神對我們所有人的呼召。**擁抱神呼召你背起的十架**。停止對抗神。停止埋怨。停止歸咎他人。**以及向那超越一切的喜樂打開你的心扉**。我們有些人從未發現這種喜樂，因為我們在試煉中對抗神。但在神的計劃裏，喜樂與試煉可說是唇齒相依。沒有苦難，我們就不能嚐到那超越一切的喜樂。不要對得著那大喜樂而付上的代價感到恐懼。俯伏在神大能的手下，謙卑自己。不要抵擋祂在你生命中的工作，祂就會提拔你。

個人／小組討論思想的問題

1. 對於一個因癌病而快將去世的人，知道痛苦只屬暫時這個真理有何意義？由於某些人在世上的痛苦只有到被接回天家的那一刻才會終結，這樣說是否只是逃避的藉口？
2. 在基督徒對苦難的回應上，為甚麼盼望是如此重要？寫下最少三個理由，解釋為甚麼基督徒在極大的個人苦難中仍然能夠有盼望。
3. 如果你能去到一個地步，視你的掙扎是神為著你的好處而給你的禮物，而非要你背負或忍受的重擔或懲罰，你的生命將會有何改變？
4. 看一看你的禱告事項表，選出你要面對的最艱苦的處境。花一點時間感謝神，因為祂的靈正在那處境中施行你甚至不能想像的奇妙工作。祈求神賜給你恩典，使你能耐心地等候祂的答案。
5. 馬爾科姆．馬格理奇說：我們透過苦難所學的，比透過快樂所學的更多。為甚麼？
6. 是甚麼阻礙了你擁抱本章結束時的七句話呢？你是否願意祈求神為你除去那些障礙，在你生命中充充滿滿地完成祂的工？

進深

今天其中一個廣受歡迎的看法是：苦難從來都不是

神對基督徒的旨意。有些人甚至說接受苦難是一個侮辱神的次等基督徒看法，因為神總是想祂的兒女享受健康、財富和順利。你會如何回應這個看法呢？在你認識的人當中，有些因著忍受苦難而信心得以成長，記下他們的名字吧。

第▪五▪章

在熔爐中持守信心

殉道者這個字詞顯得有點古舊。這個字屬於耶穌、使徒和那些在羅馬被擲進獅子坑的被逼迫的早期基督徒。我們只有少數人曾閱讀福克斯叢書《殉道者》(*Foxe's Book of Martyrs*) 中有關神的兒女在歷代被逼迫的記載。也許我們曾聽聞過，在蘇丹，基督徒被綁架和賣為奴隸的恐怖苦難。我們大部分人都覺得**殉道者**這個詞語屬於另一個時間，另一個地方，距離我們現在身處的境地似乎很遙遠。如果我們這樣想，我們就錯了。在上個世紀中，被殺害的基督徒遠較以往所有的世紀為多。

這促使我問一個簡單的問題：今天這種事會否發生在我們身處的地方？我們當中有沒有人會蒙召，因著信仰而付上最終極的代價？沒有別人較《福音傳道工作藍圖》(*The Master Plan of Evangelism*) 一書的作者羅伯特．科爾曼 (Robert Coleman) ——一位在哥頓高爾神學院 (Gordon-Conwell Theological Seminary) 任教的教授——

所說的肯定的答案更具權威性。他看見前面有苦難等待著西方的教會。他指出：「在黑夜快要來臨時，我們才看見星宿。由於神太愛我們，祂不能讓我們落在沾沾自喜之中。」[1]我想科爾曼是對的。自滿的日子很快會結束。我覺得這是毫無疑問的。我們的文化正在衰敗，而我們在其中曾經享受的自由亦會隨之消失。

我們只需要想一想環繞同性婚姻的爭議。我們所面對的最大困難都不是「外在」的，而是來自「內裏」的，就在福音派教會圈子內，我們變得惶恐慌張。我在二〇〇四年出席一個宴會(由基督教書商聯會主辦)，在宴會中播放了一段片段，是弗朗西斯·薛華(Francis Schaeffer)講及在舒泰的日子為真理而站立的重要性。我再一次被提醒，他真的是一位偉大的先知。他說在這樣的時代，我們往往只關心自己和我們的家庭。在七十年代中期，他已預期那不能想像的東西都會在社會被接受和變得合理。他的說話在今天應驗了。

接著有一段伊迪絲·薛華(Edith Schaeffer)的訪問片段，她現在已年屆九十了。她緩慢卻清晰地說：「真理是惟一重要的事情。」她是正確的。**真理是重要的**。這就是我們要知道神說甚麼的原因。我知道我們活在反智的年代，但真理是重要的。我察覺在福音派運動中，我們已經把個人的經驗差不多提升到與聖經等同的位置上，但真理卻是重要的。真理淩駕於我們的個人經驗之上，亦對我們的個人意見作出判斷。現時對於同性婚姻的爭議便是一個例子。有些會友寧願他們的牧師不要對這個具爭議性的問題發表任何意見。雖然我們擁有可以釋放他人的真理，但卻因害怕會冒犯人而不跟別人分享。這就是我所指的嚴重的膽怯懦弱。

在我們這個多元的社會中，說「耶和華如此說」，宣告通往神的途徑只有一條，不單可能會成為公眾的笑柄，亦會招來公開的指責。可能不用多久，向同學、同事或鄰居見證基督都會被視為惹人討厭的罪行。那麼我們可以做些甚麼呢？

今天，許多基督徒都為著美國教會的復興而積極禱告。如果神真的要復興我們，會有甚麼事情發生呢？約翰．阿姆斯特朗 (John H. Armstrong) 回答說：[2]

> 我愈細想這個問題，我就愈覺得神所賜的、真正的靈性復甦會伴隨更多的苦難臨到。如此一個神的舉動，根據定義，表示教會將會被裝備，以迎接令人驚訝的屬靈機會。我亦愈來愈覺得這樣的機會將會與個人性的困難如影相隨！

也許你聽聞過特土良 (Tertullian) 的故事，他是第二世紀的一位律師，因為看到基督徒以歌聲向殉道昂步，深受感動而歸入基督。怪不得他說出以下的一句名言：「殉道者的血是教會的種子。」奧古斯丁寫道：「殉道者被捆綁、收監、鞭打、折磨、火燒、懲治、謀害——而他們的人數卻大幅增長。」

信徒忠於信仰而受苦仍然是神的計劃的一部分。現代的情況跟第二世紀沒有分別。這跟在但以理的日子，沙得拉、米煞和亞伯尼歌站在尼布甲尼撒王面前的情況也無分別。當君王下令所有的領袖都要向金像下拜時，這三位希伯來人——亦只有他們三位——拒絕遵從。當他們被要求為著自己的不服從辯解時，他們回答說，王可以向他們做任何的事，但他們的神能夠拯救他們，即或不然，無論他們遇到甚麼事，他們都決不會敬拜那金像。

他們勇敢的話在今天仍然向我們說話。讓我們思想一下他們所說的一番話在二十一世紀對我們有何意義。我鼓勵你要留心。你可能較你預期更早便需要這個真理。

一個絕對的確信

「我們所事奉的神能將我們從烈火的窰中救出來。」(但三17上) 我們可以把它稱為應用神學入門課程。他們沒有懷疑王要把他們擲進火窰的企圖，也沒有懷疑他做這事的能力或意願。我肯定他們曾親眼看見那王可以如何殘忍地對待冒犯他的人。

是甚麼給他們信心，說出如此勇敢的話呢？三個小小的字眼：「神……能夠」這真是一個殊不簡單的信念。他們認識他們所信的神、亦知道祂的大能。

神能釋放！神能拯救！神能搭救！而他們如何得知呢？他們記得神在過往所做的一切。

- 祂說話，星宿就飛往天上。
- 祂說話，各個星體就環繞太陽而運行。
- 祂說話，獅子就吼叫、鷹飛翔、魚兒在水中暢游。
- 祂拿起一撮泥土，創造了人類。
- 後來祂用男人的肋骨，創造了女人。
- 祂把手杖變成蛇，又變回手杖。
- 祂差遣風，紅海就分開了。
- 祂為祂的兒女在曠野中擺設筵席，以嗎哪和鵪鶉餵養他們。
- 祂從石中變出水來。
- 祂叫耶利哥城的城牆在一瞬間倒塌。

沙得拉、米煞和亞伯尼歌在兒時已經聽過這些故事。由於他們認識神，他們知道祂能夠做甚麼。因此，當危機臨到時，他們絕對相信神是大能的。

讓我說得明白一點。由於他們知道神在過往成就了甚麼，他們知道現在神能夠做甚麼。這就是學習神的話語的偉大價值。在當中，你能夠發現神是誰、祂過去的作為，以及祂能夠做甚麼。這份對神的認識，能夠給予你力量，無論在甚麼人面前，仍然堅定地站立。

一個堅強的盼望

「王啊，祂也必救我們脱離你的手。」(但三17下) 站在這位全世界最有能力的人面前，他們的聲音仍然強烈反映他們的樂觀。我想那個熊熊的火窰並不是離他們幾十丈遠，而是就在眼前。他們知道不服從的代價，但他們仍然不服從。為甚麼？因為在他們的靈魂深處，他們相信神總有辦法救他們。他們期望著某種形式的拯救，但卻不知道是如何、是甚麼形式、或在何時何地發生。

那麼是甚麼令他們那樣説話？我的答案很簡單。**他們有一位很大的神**。他們相信的神是全能的。所以希伯來書十一章34節形容他們「滅了烈火的猛勢」。在似乎再無指望之際，這是極大的樂觀。

正值我寫下這些文字時，我記得三十年前的某一日，那時我剛剛結婚，並且剛被達拉斯神學院取錄為一年級的學生。在第一個學期開始個多月，我的母親致電給我，告訴我一個關於爸爸病重的壞消息，他已被送往阿拉巴馬州伯明翰市的醫院。我們立即起行，匆匆地去探望父親，然後回到達拉斯。(我知道在本書較早時已分享過這個經歷，但在此我有另一個重點。) 數天之後，我的母親再來電，叫我們最好儘快再去伯明翰一趟。於是我們收拾行裝，跳進那輛小小的、綠色的、一九七四年的福特花馬型號汽車，向著機場駛去。我依稀記得那天道路十分暢順。

當我們向北駛到中央高速公路時，我看見一個由一所股票經紀公司贊助的電子告示牌，它顯示著杜瓊斯指數(Dow Jones)的上落變化。但由於那天是週末，並沒有任何數字顯示，那裏寫著「+ 0.00」，是一個零的正數。那正好代表了我在那一刻的信心。我的父親正病重垂危(並且最終會逝世)，但我們仍然抓住近乎零的信心返回伯明翰市。

這就是那三位年青人曾經經歷的。從人的角度看，他們能免於一死的機會是零。但因為神，最少那是一個零的正數。你們當中有很多人都是這樣。周遭的境遇都似乎對你不利。但因為神，你永遠也可以站在一個零的正數的位置上。這必定比在零的負數的位置上要好得多，因為那是一個你對神毫不認識的境地。

不被搖動的決心

「即或不然，王啊，你當知道我們決不事奉你的神，也不敬拜你所立的金像。」(但三18) 現在我們思想一些最具能力的說話。在信仰的生命中，有不同的階段，這也許是最高層次的一個。他們的意思是：「我們知道神能夠拯救我們，但卻不知道祂會否如此作。但無論如何，我們都不會向你的金像屈膝。」基本上，他們已經置生死於度外。我們當中有多少人會有這樣的勇氣？

這是一小撮屬神的道德勇士。他們知道帶著神的肯定而死一千次，較沒有神的肯定活一天還好。在熱熊熊的熔爐中被燒，較受良心如火爐一般的責備還好。他們可以犧牲性命，但他們不敢犯罪！任何價格、甚至一己的生命都不能換取他們的信念。

這真是一個多麼崇高的信心典範。他們希望有奇蹟發生，但卻不強求。他們將一切都交在神的手裏。

請用心思想這句短短的話語：「即或不然。」

- 我們希望禱告蒙應允——即或不然……
- 我們希望長壽與健康——即或不然……
- 我們希望自己的孩子凡事順順利利——即或不然……
- 我們希望看見奇蹟發生——即或不然……

如果神對你最珍重和喜愛的夢想説不，你還會信靠祂嗎？如果神對你的未來大計説不，你還會事奉祂嗎？如果神對你為摯愛的人的流淚禱告説不，你還會跟隨祂嗎？

這促使我們非面對一個我們不大談論的教義不可：**神的不可測度性**。意思是神會做祂想做的一切，而不是我們期待祂會作的一切。這三位年青人擁有一位很大的神，但他們知道自己得拯救也許不是對神最重要的事情。這是一個關鍵的洞見，因為對於我們大部分人來說，當身處險境時，最重要的是確保自己能夠脱險。所以當我們祈求時，我們説：「主啊，求祢救我脱離這困境。」有時我們也會説：「倘若這是祢的旨意的話。」但卻不説得那麼大聲，因為我希望神的旨意就是我們的旨意。

但往往卻非如人願。我們隔著鏡子朦朧地觀看。對於神的目的，我們最多只能瞥一瞥，就像從小孔中窺視一樣。但神卻看見一切，整個歷史的全貌都在祂面前顯露無遺。

未有答案的問題

生命裏有很多奧秘。申命記二十九章29節告訴我們「隱秘的事是屬耶和華我們神的」，這表示祂知道每件事發生的原因，但卻不告訴任何人。請思想這些奧秘：在使徒行傳十二章，使徒雅各死於刀下；在同一章中，使徒彼得卻奇蹟地得拯救。為甚麼？希西家祈求添壽，就蒙應允，可以多活十五年；但拉結在往伯利恆的途上卻死於難產。為甚麼？

一位男士患上癌病，終年四十二歲；另一位卻活到到八十五歲。為甚麼？

一個孩子在成長路上各樣安好，另一個則在一生中都要掙扎。為甚麼？

一個家庭充足富裕，彷如注定似的；另一個家庭的收入則僅能糊口。為甚麼？

你的朋友升職，而雖然你的工作表現比他出色，卻不被考慮。為甚麼？

一個男人在健身時猝死，另一位小女孩被車子輾過仍能站起來，只是有一些瘀傷。為甚麼？

兩個士兵上戰場，只有一個能夠回家。為甚麼？

一個嬰孩健全地來到世上，另一個則嚴重殘障。為甚麼？

有些禱告蒙應允；有些則明顯地永不會蒙應允。為甚麼？

這個表可以無窮無盡。宇宙中有太多的奧秘。**沒有一個能有清晰的答案**。最終只有一個答案，我稱它為屬靈生命的第一法則（The First Rule of the Spiritual Life）：祂是神，我們不是！詩篇一百一十五篇3節提醒我們：「然而，我們的神在天上，都隨自己的旨意行事。」

我們在但以理書三章找到的是信靠神本身，而不只是信靠神給予我們的釋放。這幾位年青人所說的是：「我們肯定神的慈愛和良善，卻不肯定祂會做些甚麼。」這裏並無成功神學（Prosperity Theology）。

信心的另一面

在本章較早時，我引用了希伯來書十一章34節。

但我們從當中所能領略的卻有更多。如果我停留在那裏，我就會使整幅圖畫不完整。憑信心而活被說得太容易了，而許多時這卻是十分困難的。而且結果往往都非我們所願。

假若我們這樣提出問題：憑信心而活是否表示奇蹟總會發生？**答案必然是否定的**。希伯來書十一章末闡釋得非常清楚。33至35節上記錄了憑信心得勝（The Triumphs of Faith）的例子：

> 他們因著信，制伏了敵國，行了公義，得了應許，堵了獅子的口。滅了烈火的猛勢，脫了刀劍的鋒刃；軟弱變為剛強，爭戰顯出勇敢，打退外邦的全軍。有婦人得自己的死人復活。

這是一個了不起的列舉，我們都能夠記起聖經成就這些事情的英雄人物。然而這並不是故事的全部。35節下至38節記錄了信心所受的試煉（The Trials of Faith）的例子：

> 又有人忍受嚴刑，不肯苟且得釋放，為要得著更美的復活。又有人忍受戲弄、鞭打、捆鎖、監禁、各等的磨煉，被石頭打死，被鋸鋸死，受試探，被刀殺，披著綿羊山羊的皮各處奔

跑，受窮乏、患難、苦害，在曠野、山嶺、山洞、地穴，飄流無定，本是世界不配有的人。

這些可憐的、陷入黑暗的人是誰呢？他們做了甚麼而得到如此的懲罰呢？希伯來書的作者只是簡單地稱他們為「有些人」和「其他人」。他們是憑信心而活的「其他人」。這些忍受折磨的男男女女也像挪亞、亞伯拉罕、摩西或約書亞般憑信心而活。他們的信心並不比他們弱小。若要比較，他們的信心可能更大，因為藉著信，他們能忍受不能想像的苦難。沒有奇蹟發生在他們身上，並不表示他們是次等的聖徒。若真的要比較，他們是更偉大的聖徒，因為在一切都非如人願時，他們仍然忠於信仰。

以至於死

在伊利諾州橡園加略山紀念教會事奉的早期，我講過一系列有關我們與教會立約的講道。就如大部分教會一樣，我們很少會談及與教會立約一事，而我亦發現大部分人都不知道這個約的存在。這個約描述了當人們加入教會時，他們對主及彼此間的委身。以下是我們的教會約章的其中一部分：「藉著祂的力量，我們因而承諾……無論在甚麼境況下，以至於死，我們都竭力為著榮耀神而活，祂已召我們出黑暗，藉以進入祂奇妙的光明之中。」

最後的部分的意義是明確的。**我們竭力為著榮耀神而活**。但「無論在甚麼情況下」這句話卻與希伯來書十一章的主旨相近。而「以至於死」則與在十一章35至38節中的「其他人」相近。撰寫我們教會約章的人是否真的期望我們那樣認真？我們是否真的承諾忠於信仰，以至於死？我想答案必須要是肯定的。我們希望那永不會發生。我們祈求它不會。但卻不一定。

卡倫．沃森的得勝

來自加利福尼亞州貝克斯菲爾德(Bakersfield)市的卡倫．沃森(Karen Watson)，經過一段極度悲傷的時期後，在一九九七年接受了基督為她的個人救主。在兩年之內，她的未婚夫、她的父親和祖母相繼去世。接受基督後，她跟其他人參與了地方教會舉辦的短宣旅程。她去了薩爾瓦多(El Salvador)兩次，去了科索沃(Kosovo)、馬其頓(Macedonia)和希臘(Greece)各一次。最後她覺得神呼召她全職事奉；所以她辭掉了在貝克斯菲爾德保安拘留主任一職，賣掉了房子和車子，並且加入了美南浸信會聯會(Southern Baptist Convention)的國際差會(International Mission Board)。她所有的行裝就放進了一個行李袋中，由於她天生是一位領袖，在伊拉克戰事期間，她被派往約旦，負責難民的協調工作。在主要戰役結束後不久，她就被派駐伊拉克。雖然她絕對清楚工作的危險性，但她毫不猶疑便遵從了這個呼召。

在二〇〇四年三月十五日，她跟四位宣教士在伊拉克北部的摩蘇爾城(Mosul)一同在公路上被人駕車槍殺。襲擊者配備自動武器和重型手榴彈。四位宣教士身亡；一位重傷，卡倫·沃森年屆三十八歲，是其中的一位死者。

在她前往伊拉克前，她向她的牧師親筆撰寫了一封信，並要求在她逝世後，才打開這封信。以下是她所寫的文字：[3]

二〇〇三年三月七日

親愛的菲爾和羅傑牧師，

請在我死後才打開這封信。

在神的呼召裏沒有遺憾。我盡力跟你們分享我的心腸，我對列國的心腸。我不是蒙召到一個地方，而是蒙召到祂那裏。遵從是我的目標，受苦是在我預料之內，帶給祂榮耀是我一直以來的回報。

現在我要記住的、其中一件最重要的事情就是保持所作的工……我寫下這些文字時，就彷似我仍然在與我的同儕一起工作。

我十分感謝你們對我的禱告和支持。你們

在天上的獎賞必定是大的。多謝你們在我生命和靈性上投資。請繼續差派宣教士出去。繼續興起優秀的年青牧師。

若要做任何事奉，請保持微小和簡單。沒錯，簡單，只管傳福音……要勇敢地傳揚那拯救生命、改變生命、永恆的福音。將榮耀和尊榮歸於我們的天父。

宣教士的心腸：

有人認為不智時，他願意關愛多一點。

有人認為不夠安全時，他願意冒險多一點。

有人認為不夠實際時，他願意夢想多一點。

有人認為不可能時，他願意期待多一點。

我蒙召不是為了舒適或被世人視為成功，我蒙召是遵從……

在認識和事奉耶穌以外，並無喜樂。我愛你們以及我這個教會大家庭。

在主的蔭護下，

平安

卡倫

在她的喪禮中，羅傑．斯普拉德連(Roger Spradlin)牧師問了這個問題：「事奉神是否化算……(當)你付出的愛卻換來子彈的炮轟？」接著他給予了答案：「這是化算的，如果你看重神多於世人對你的贊同，以及看重別人多於自己。倘若你問卡倫贊成與否，她會說『噢，當然啦！』」

這四個字回盪於不同的時空，由古至今，從古巴比倫杜拉(Dura)平原到在北伊拉克的一個城市，以至到每一位閱讀本書的人所身處之地：「即或不然……」。

我們所有人都希望安享長壽，也這樣祈求。沒有人想為基督殉道。但那一天可能正臨近，也許不遠了，我們當中有些人或許會蒙召去作出終極的抉擇。

在這一切之中，神的話語都是我們的盼望與力量。不要怕；信靠祂。我們的神能夠解救我們。即或不然，願我們忠於基督，以至於死。

給個人／小組討論思想的問題

1. 閱讀但以理書三章。那三位年青人可以為跪拜金像而給予甚麼藉口呢？
2. 「在黑夜臨近時，我們才看見星宿。由於神太愛我們的緣故，祂不能讓我們落在沾沾自喜之中。」因信仰而遭受的逼迫與反對，如何能夠成為神對我們的愛的記號？
3. 你能否想到你曾因為跟隨基督而在個人或專業上遭受苦難？
4. 如果神有能力救我們脫離苦難，為甚麼祂不是常常這樣做？

5. 一個正面的記憶如何能夠在患難中幫助你？

6. 你曾如何經驗「神的不可測度性」？

進深

我們大部分的人都不會好像卡倫．沃森一樣，為基督的緣故而走入戰亂之地。然而，我們所有人都可以留下一紙信仰的見證。這裏有一個挑戰。寫一封信給你所愛的人，叫他們在你死後才打開。你想對家人和朋友說些甚麼？你會如何表達你對耶穌基督的信心？你想傳遞甚麼價值觀？寫一封信，然後把它放在安全的地方。有一天，它也許是你留給在世的人的最後遺產。

註釋

1. 轉引自John H. Armstrong, "Faithful Witness: The Relationship of Persecution to Our Faith, Part I", in *Viewpoint*, January-February 2000, Vol.4, No. 1, p. 11。

2. 同上。

3. 刊於*Baptist Press News*, March 24, 2004。

第▪六▪章

向我彰顯祢的榮耀

摩西說：「求祢顯出祢的榮耀給我看。」（出三十三18）司布真（Charles Spurgon）稱之為一個人向神所作的最大祈求。我認為他是對的。摩西怎能祈求比這更大的事呢？**你看見神的榮耀就是看見神本身**。摩西好像在說：「讓我看見祢的真像。」通常當人祈禱時，他們想主給他們一些特別恩惠。「主，請幫助我找一份工作」或「醫治我的孩子」或「向我顯明祢的旨意」或「加增我的信心」或「救我脫離今天的困難」。這些禱告本身都是高貴的，因為它們祈求一些只有神才能賜予的東西。倘若我們祈求一座山被挪移到海中，我們就是祈求一些我們不能作的事情。因此，就算我們「平常的」禱告也能夠帶給主尊榮，因為我們承認神是神，而我們卻不是。

但摩西這個禱告卻是出類拔萃的。它是獨一無二的，其他的祈求都不能與之相比。神的榮耀就是祂的真像的總和，是神的能力，加上祂的智慧、公義、憐憫、信實、聖潔、愛，以及祂每一個屬性。神的榮耀就是神本體所發放的光輝。

只有考慮當時的處境，我們才能夠明白這個祈求。摩西剛剛在西乃山上與主共渡了四十個晝夜。在山上，神向摩西顯明祂的律法，亦親自用指頭在石板上寫下了十誡。當摩西與主一起的時候，以色列就變得不安了。所以亞倫就從民中收集金耳環，並且鑄造了一隻金牛犢。他們跳舞、歡呼和宣稱：「以色列啊，這是領你出埃及地的神！」(出三十二4) 人民向金牛犢獻祭，又開始狂歡作樂。主知道這一切，告訴摩西祂準備要消滅以色列，並要興起另一個會轉離偶像，敬拜祂的民族。

但是，摩西為著他那些頑梗和叛逆的人民向耶和華代求。他提醒神祂對亞伯拉罕的應許，又說，不信的人會說祂帶祂的子民進入曠野的目的只是想殺掉他們。因此主改變心意，不滅絕以色列人。

摩西接著返回山下。當他看見眾民狂歡作樂的模樣，他十分憤怒，打破了石板。他燒毀了金牛犢，把它磨成粉末，混在水裏，強迫以色列人將之飲盡。然後他把那些仍然願意對神忠心的人民召集起來。利未人支持摩西，他命令他們穿越營舍，把拜偶像的人除掉。那一天死了三千人。第二日，摩西懇求神饒恕祂的子民。他甚至請求神在冊上除掉自己的名字，藉以挽救以色列的百姓。

神叫他把人民從西乃山領出來，進到那應許之地，但附帶以下一個獨特的條件：「我自己不同你們上去；因為你們是硬著頸項的百姓，恐怕我在路上把你們滅絕。」(出三十三3)

這是我們最大的恐懼——就是當我們前行時，主卻不與我們同行。**這種情況的發生比我們所想的為多**。在我們要追趕生命之際，我們自己作主了，而結果卻往往非如我們所願。我覺得我們很多人都能回望在過去的一些重要決定時說：「現在我看見主根本從未有在當中。那全是我一己之意。」未能與主同行的悲慘在於當我們發現失去神的同在時，往往已經為時已晚。錯誤的決定不是常常也能被塗抹。因此摩西再一次為百姓向神代求。今次他說：「你若不親自和我同去，就不要把我們從這裏領上去。」(出三十三15)這是我們應有的態度。如果神領你出埃及，你最好不要把祂留在西乃山。在曠野中，你將需要祂為你導航。

於是我們來到那個在18節的偉大祈求——「求祢顯出祢的榮耀給我看」。而神應允得來卻是有所保留的。祂基本上是說：「我會向你顯出我的榮耀，但卻不是所有。」摩西會看見神的美善，但卻不能看見祂的面，因為人見神的面不能存活(出三十三20)。於是神給摩西提供了一個方法，將他放進「磐石穴中」，因此當神經過的時候，摩西就得見祂的背。摩西所見到的神的榮耀比任何人所見的都要多。而這是摩西所能看的極限，否則他便不能存活。

真理一
我們在危難中發現神的榮耀

摩西只是在以色列子民開始敬拜金牛犢之後才祈求「求祢顯出祢的榮耀給我看」。而他在打破了寫上十誡的石板、三千以色列人死亡、他數次為以色列人向神代求後才這樣祈求。他也是在拯救這個民族脫離毀滅，神答允不離棄以色列後才這樣祈求。毫無疑問，持續的危機已經耗盡了摩西本身的力量。我們所有人都有極限，不是嗎？

達拉斯牛仔隊(Dallas Cowboy)的資深教練湯姆．蘭德理(Tom Landry)以他的名言「疲憊令我們所有人都變成懦夫」見稱。**大部分的人都能處理一點點逆境，而有些人能處理很多逆境，但每一個人都有極限**。你是誰、你身在何方，或是你的往績如何，都不會有甚麼分別。我們所有人都有極限——而有時我們在毫無警告下發現這個事實。在此，我們可以學到一個功課——如果你願意學習的話。

- 你和我都不是如想像般堅強。
- 你和我都不是如想像般有智慧。

- 你和我都不是如想像般聰明。
- 你和我都不是如想像般能夠自給自足。

在森林中最強壯的橡樹，表面上看來是不能被征服的，但只要瞄準正確的位置，一把細小的斧頭都可以令它倒下。斧頭也許很細小，但卻可以在數秒之內砍伐一棵大樹。**為了我們的益處，神賜給我們火般的試煉，否則，我們永不會看見祂的榮耀**。我收到一位來自賓夕凡尼亞州的男士的電郵，他讀了我其中一本著作。不久前，醫生們告訴他患了前列腺癌。在過去他曾犯了很多錯誤，帶給家人很大的傷害。「困難的日子。巨大的內疚和痛苦。所以當我得知患上癌病時，我想『我絕對應有此報』。」他帶同我的書上班。他說他的工作是十二小時輪班制，而他經常在深夜到天台祈禱。

> 在閱讀你的著作時，在患病一事上，我和神彼此間再無嫌隙了。神更使我看見我的癌病如何能在祂的國度和我的生命中起作用。癌病清除了蜘蛛網，癌病能夠淨化，癌病使事情明朗簡潔，癌病使你能在神裏面找到安慰，亦能在世界的羅網中被釋放出來。

如果他沒有患癌症，他永不會發現這些東西。癌症本身也許沒有任何美善，但如果從癌病這個危機中，你能對神有嶄新的認識，那麼患癌病可能是好事。

我們在黑暗中所學的要較在光明中為多。我們在苦難中會較在風和日麗的日子變得更堅強。摩西在個人危機中發現神的榮耀並非出於偶然。我們也會這樣。

真理二
我們要付上個人的代價，才能得著神在榮耀中的啟示

神告訴摩西祂會應允他的禱告，但卻不是以摩西所預期的方式應允他。在某一方面來説，摩西並不真正知道他正在求些甚麼。他想看見神的榮耀，但這代表看見神的真像。沒有人看見神的真像後仍能存活。那光明會弄瞎我們，然後把我們吞噬。因此神告訴摩西，祂會將摩西隱藏在「磐石穴中」，因此當神經過的時候，他就得見祂的背。這樣已經叫摩西受不了，但最少他能保住性命。

有時我們祈求一些我們不能獨自承受的東西。我們想要某些祝福，但卻不知道要牽涉何種代價。而毫無疑問，當我們跟古時的摩西一樣，祈求：「主，求祢顯出祢的榮耀給我看」時，我們是求一些遠超過我們的有限能力所能接受的東西。幾年前，我們的教會以「主，求祢教我們禱告」作為主題。在當年的第一個主日，我作

了一件從未做過的事。在講道完畢時，我請求會眾在那年以一個特別的方法為我祈禱。當時我突然要求會眾如果當天他們未有為我代禱，就不要到禮拜堂去。我告訴他們，對於他們的代禱，我感到有極深的需要。而我請求他們為我禱告。

後來我發覺這個代禱的請求令某些人感到不安。他們揣測是否在我生命中有些「不對勁」，以致我需要請求別人為我代禱。幾個星期後，我再一次向會眾提出這個請求。一個女士上前問我為甚麼選擇那一年要求他們為我代禱。那一刻我回答：「我不知道，但我肯定原因最終會顯明。」那時是二月初。

幾個星期後，我起程到佛羅里達州（Florida），在一個聖經研討會授課一星期。當我抵達時，我感到不適。我並不是真的病倒了，我倒胃口，就是「不在狀態」。在我完成最後的講課後，我返回房間，大致上是崩潰了，就彷似我的身體在說：「這個星期要做的工作已經完成了，所以現在是病倒的時候了。」我覺得自己十分可憐，開始發熱，全身並無一處不在顫抖。瑪妮和我在當天稍後飛回家，但我的情況沒有好轉。翌日我的情況稍為惡化。整件事令我十分困擾，因為我是屬於那一類「從不會生病」的人。在過去三十年以來，我只是真正病過一次。在一九八六我患上了單核細胞增多症，結果有三個主日，我都不能講道。但自此之後，我從未因患病而錯過任何主日。

但我的「長勝紀錄」快保持不住了。後來在那個週六，我身體出現一種痛楚，令我不能站立。那些感冒菌或是甚麼已經演變成某種感染。到那天晚上，我知道我有點麻煩了。最後直至零晨三時，我知道在早上我將會不能講道。稍後我開始服食一種抗生素，希望那會有幫助。

第二天我差不多沒有任何好轉。週二的大清早，我的兄弟來電，説媽媽死了。我的母親在當時年屆八十一歲，身體情況一直不好，並在數年前患上了老人痴呆症。雖然她的身體一直在衰退，但她的死卻實在來得突然。跟許多人一樣，我的親身經驗告訴我，縱使你已作好心理準備，你永遠都不會真正地預備好接受父母親的死亡。它對你造成的打擊比預期猛烈。於是我們打點一切，帶同兒子們，準備前往阿拉巴馬州 (Alabama) 出席喪禮。我仍然不舒服，不能駕駛。所以他們讓我睡在後座，由兒子們與瑪妮輪流駕駛。翌日晚上，我們守夜，見了很多差不多三十年沒有見過面的朋友。

第二天，我在安葬儀式上致辭——那是一個仍然寒冷和有點寒風的三月上旬的日子——我們將母親安葬在二十九年前去世的父親旁邊。超過一百人出席儀式。我驟然發覺，自從在一九七四年父親的喪禮後，我已再沒有見過這些人。我的中學校長在那裏，在教會與我一起成長的老朋友在那裏，以及一些與爸爸媽媽認識了很多年的朋友都在那裏。

當我站在那裏，主領著母親的安葬儀式時，我有一個夢一般的個人經歷。這個感覺也許是因為我那時正在生病，也許是因為我再次與三十年沒有見面的老朋友相見，又也許是因為我們將母親葬於父親旁邊。那刻就好像「在時間中打了一個皺摺」一樣，我父親死後的那二十九年突然被吞噬了。那段時間在一瞬間消失了。我的父親去世時，我只有二十多歲；現在我五十多歲了。大部分出席這次安葬儀式的朋友，都有在二十九年前到過父親的喪禮。那時他們大部分都是五十來歲；現在他們年屆七八十了，當中經過的三十個年頭彷似突然消失了。

在我致辭的時候，這一切都在瞬間在我腦中掠過。我可以伸手去觸摸母親的棺木。我站在父親下葬之地的三呎之上，就好像我們只是在上一個星期埋葬了父親，今個星期就埋葬母親，而下個星期就會有人埋葬我。我對於自己的死，以及時間的快速消逝有一份強烈的感覺。彷彿主在我耳邊輕語：「雷，看清楚，某一天你都會被長埋這地。」而那一天會來得比我預期的早。

昨天我父親逝世。

今天我母親逝世。

明天我將會逝世。

這些事件的發生可能會相隔數十個年頭。但卻必定會發生。我不能完全解釋當天我所經驗的；但那對我來說是深刻的，而我仍然在思想它。我的疾病和母親的死亡都反映了我的軟弱、我的人性、我的脆弱，提醒我「你本是塵土，仍要歸於塵土」(創三19)。這是永恆不變的定律，只是我們好像不相信它會發生而已。

在之後的一年半內，我審視過自己的生命。我發現我極之渴望將事物簡化。我在之前已經提及過這個領受，因為在我裏面有一股很大的催促。化繁為簡。找到真正重要的事情。不要背負太多的淩亂。除去你不需要的事物。收拾最重要的東西，除此之外，不要擔憂其他東西。而最要緊的是，信任至高的神。這個教義是我的基要信念。沒有很多東西，我都能夠存活，但失去了至高的神，我卻不能活下去。而在我所做的一切事情裏，我都發現了一份要認識神的新渴慕。當我默想彼得前書一章16節(「你們要聖潔，因為我是聖潔」)時，覺得對於大部分的信徒來說，聖潔仍然是一個奧秘。我們都知道這個詞語的字面意義，但卻不能解釋它究竟是如何的。所以這裏有另一個解釋。神說：「像我一樣」。對了——神想我們像祂。聖潔是神的本質，而神說：「像我一樣」。

- 你出你入，像我一樣。
- 你買你賣，像我一樣。
- 你睡你醒，像我一樣。
- 你思想你造夢，像我一樣。
- 你一言一行，像我一樣。

• 你生命的所有部分，像我一樣。

提高你的標準吧。這是一個高的要求。這再不是我們慣常連繫聖潔的一系列「做」與「不做」。許多人都認為聖潔既沉悶，又古板。但這只不過是因為他們視它如一本律法書。但聖經並不是這樣表達。**聖潔就是與神相似。而這是全世界最叫人興奮的事**。聖潔表示你像神的程度，足以讓你能改變世界。或者更準確地說，聖潔表示你像神的程度足以令你周遭的世界開始改變。

倘若你懷疑我的看法，你會否接受魯益斯的話？以下是魯益斯對聖潔的看法：[1]

> 那些認為聖潔是沉悶的人實在對它所知的不多。當一個人與那真正美好的東西相遇時……那是不能抗拒的。如果在全世界只有十分一的人能擁有聖潔，那已經足以令全世界的人在一年之內回轉和變得快樂。

他說得對。認為聖潔是沉悶的人並不真正明白它為何物。**當你與真正聖潔的人相遇時，你會被他們吸引著，因為他們十分像神**。我們所有人都最少認識一位這樣的人——一個吸引著我們，能煥發神的光芒的生命。這些人差不多總是帶著一種會感染別人的喜樂。他們跟神相像——而他們滿有喜樂！真是一個了不起的組合。這就是聖經所說的「聖潔的美麗」(代上十六29；或「聖潔的榮美」)，聖潔的人擁有聖潔的喜樂。**他們享受生命，因為他們滿有神**。也許我們似神的程度不夠，因此我們很容易被別人抗拒。如果魯益斯說得正確，只要有十分一的人擁有如此的聖潔的喜樂，我們將會在今年之內看見所有城市的人回轉。可能我們身邊的人看見我們和我們的宗教，但他們卻看不見在我們裏面有足夠的神的形像，和很多的喜樂。

神說：「像我一樣。」聖潔並非一套守則與規條。聖潔是關乎神的！

- 我起床的一刻有神。
- 在我沐浴中有神。
- 神環繞我的早餐桌子。
- 在我上班的途中有神。
- 在課堂裏有神。
- 在展覽房中有神。
- 在辦公室中有神。
- 在工廠中有神。
- 在午膳的時候有神。
- 在中途休息中有神。
- 在回家途中有神。

- 在吃晚膳的桌子上有神。
- 在看電視節目時有神。
- 在閱讀電郵時有神。
- 在上互聯網時有神。
- 在講電話時有神。
- 在晚間有神。
- 在睡覺的時候有神。
- 在早晨神又再一次充滿其中。
- 神在每一個細節中。
- 神在每一個地方。
- 神是一切和永在的。
- 神在我雙腳之下。
- 神完全環繞我。
- 神在我最深的思想中。
- 神在每一段關係中。
- 神在每一個字中。
- 神在每一個思想中。
- 神在每一個行動中。
- 神在我私人的時間中。
- 神與我的朋友一起。
- 神與我的敵人一起。
- 我快樂時，神與我同在。
- 我傷心時，神與我同在。

- 我順境時，神與我同在。
- 我逆境時，神與我同在。
- 神在我的信心當中。
- 神在我的疑惑當中。
- 在我的成功中有神。
- 在我的失敗中有神。
- 神在我之上。
- 神在我之下。
- 神在我的前方。
- 神在我的後方。
- 神在我的四周。
- 神在我裏面。
- 神是首先和最後。
- 神在我的頭以上。
- 在我一切言行中，神引領著我。

神是一切，永遠都在那裏，永遠與我同在，從今時直到永遠。

這是真正的聖潔。這是真正的喜樂。**這是我被造的目的**。離開了神，我生存便沒有意義、沒有目的、沒有緣由了。

摩西得到了答案，但卻不是他所期望的。而這個答案跟他個人軟弱的暴露一同來臨。我們也會有相同的經歷。我們說想更認識主，想在禱告中親近祂多一點，想在恩典中成長，想在屬靈旅程上前進一點。**但這一切都要付上代價**。哪有不勞而獲？我們必須親身明白到個人的軟弱，才能看見祂的榮耀。

真理三

當這個禱告蒙應允時，他人會知得比你早

出埃及記三十四章29節告訴我們，當摩西返回山下，他的臉充滿榮光，因為他剛與神對話完畢。但他卻不知道。因為他與神相處太久，以致部分神的榮光沾在他身上。別人看見他閃爍著光芒的臉，便知道他曾經與神一起。直至別人告訴他，摩西才知道他的臉龐正在閃耀著光輝。他的臉明顯實在太光；因此他要以紗掩面，以免弄瞎朋友們的眼睛。

有時我們祈求「求祢顯出祢的榮耀給我看」，希望得著一些會轉化內在生命的深刻個人經驗。雖然我們沒有說出口，但暗地裏我們都希望，藉著靠近神，我們會有些經驗，令我們成為更好的人，消除我們的疑惑，加增我們的信心，使我們脫離試探，以及使我們心中充滿喜樂。簡單來說，我們是為了個人的益處而想認識神多一點。但在摩西這個例子中，摩西所得到的益處是被他人首先看見。在他看見之前，別人看見了神在他身上作工的明證。

偶然間，在會議上，有人會問我：「比一年之前，你是否更加靠近神？」我從來都不知道如何滿意地回答這個問題。我當然希望我今年比去年更加靠近神。但我的判斷必然會有謬誤，因為我不能清楚地看見自己的轉變。我會看見一些我想看或喜歡看的。有時，我回望人生，覺得自己從未有任何進步。要找出這個問題的答案，最好的方法就是問對我認識最深的人。我的妻子、兒子，每天與我一起工作的人——他們認識真實的我。如果我有與神同行，其他人會知道；他們會看見在我身上的榮光，縱使我並未察覺。

所以，如你覺得自己在屬靈上進展緩慢，不要沮喪。**無論我們成就了多少，我們總有更多要為主征服的失地**。而許多時候，當我們覺得自己正在「繞圈」時，實際上我們正在攀登主的聖山。有時我們需要朋友的鼓勵，說：「看啊，你已經前進多了。我能看見神在你身上所作的工。」對摩西和我們來說，都是如此。

從這個古遠的故事中，我們能得著極大的鼓舞。在危機當中，摩西敢於向主發出一個莊嚴的禱告。他所求和所得著的都前無古人。然而，他這個禱告和所得的應允都是與他個人軟弱的暴露一同來到。而他人比摩西更早察覺神對他的應允。這些事情都鼓舞著我們。臨到你的試煉並非要毀滅你。神的目的是透過艱難，讓你更加貼近祂。倘若你願意成為軟弱，你將學會一些你永不能在剛強時學到的關於神的東西。這是神歷久常新的方法。剛強的人不需要神——或者是他們以為自己不需要神。但軟弱的人被蔭庇在「磐石穴中」——而他們就是真正能看見神的人。

給個人／小組討論思想的問題

1. 為甚麼通常我們都要在危機中才能看見神的榮耀，而非在順境之時呢？
2. 在我們的生命中，透過甚麼渠道，能反映出神的榮耀呢？為甚麼思想這些經驗是重要的？
3. 相比一年之前，你今天是否更加靠近神？要回答這個問題，為甚麼如此的困難呢？
4. 在你的生命中，是甚麼使你猶疑，不願意作出「主，求祢顯出祢的榮耀給我看」這個禱告？在你生命裏，有沒有一些拒絕神介入的地方呢？
5. 為甚麼神告訴摩西祂不能向他顯出所有的榮耀呢？在神的榮耀中，是甚麼東西太過令人敬畏，以致我們不能應付呢？
6. 你是否贊同聖潔是全世界最叫人興奮的事呢？若你每一天都更像神，一切會有何不同呢？

進深

問一問你的丈夫、妻子、兄弟姊妹，或是你信任的朋友，他們曾否看見你在屬靈生命上的成長。細想他們給你的答案，並且求神向你顯明在你生命中需要改變的地方，以致別人可以在其中看見祂的榮顯。當神向你顯明某些東西時，寫下它們，在下個月，每天都祈求在那些地方有所成長。

註釋

1. C. S. Lewis, *Letters to an American Lady* (Grand Rapids, MI: Eerdmans, 1967), p. 28.

第七章

勝過對未來的恐懼

最近的新聞頭條告訴我們一些令人心寒的故事，往往令到我們對未來和這個世界將會發生的事感到無常與恐懼。

在中東一帶有更多的動盪
印尼爆發騷亂
尋求和平需要付出高昂的代價
針對飛機乘客的最新保安措施
公海上的恐怖襲擊
伊朗準備開戰
未來的日子岌岌可危

最後的那頭條的標題特別引人注意，至少對於我們這些從小就閱讀欽定本聖經（KJV）的人來説是這樣，因為它令我們記起一節很多人都曾經聽聞（或記得）的經文：「末世必有危險的日子來到」(提後三1)。在很多方面來說，現世都是那「危險的日子」。專欄作家喬治．威爾(George Will)認為我們現正身處的歷史時刻要較過去七個世紀的危險，他在二○○三年一月一日的報章上發表〈新一年裏的危險〉(“Danger in the New Year”)，用以下嚴峻的語句表達這個看法：

> 科學與宗教之間的衝突本應是現代獨有的特點。但今天特有的恐怖是，現代科學為宗教狂熱者服務——或者在北韓是宗教狂熱者吸入了在科學領域上的社會主義這個偽宗教的渣滓。這個假宗教是由一個身處十九世紀，要在大英博物館被勞役的德國難民所想像出來的。這是關於全球一體化。

在中東一帶大規模的戰事，各國之間的武力恫嚇，以及生化恐怖主義的持續性威脅，這一切都叫現在成為一個危險的時代，人們要在當中生存，或是說得準確一點，要在當中委曲求全。

然而生命仍是繼續——也許感到有點無常，但我們總有要處理的事。有課堂要教授，有職務要履行，有病人要醫治，有書要寫(和讀)，有球賽要參加(和觀看)，有文章要寫，有賬單要付，有藥要吃，有歌要唱，有餐膳要預備，除了這些以外，還要擔心婚姻、孩子、朋友和家人。許多時候，去想想如何渡過週末晚上，要比關心世界大事容易。

在最近的一次講道完結時，我邀請人們寫下三項他們最大的憂慮、關心，或是恐懼，然後上前來，把它們投進一個「憂慮箱」裏去。這個動作代表著他將那一切都交給主。這是一個信心和降服的舉動。一個簡單的調查顯示會眾的擔憂都是普遍性的。我隨手抽出的第一張咭(所有咭都沒有署名)簡單地說：「財政上的安穩。健康。婚姻。」另一張咭寫著：「一個安居棲身之所。」另一張寫著：「與神同行。寂寞。」又有另一張簡單地說：「學校。」一張寫道：「健康的家庭。金錢。對神的信心。其它有好幾張包括了：「父親的得救。」「不能懷孕。」「焦慮程度。」「我恐怕自己不會事奉主。」「將來的家庭？」「失業。」我們當中有誰對這些擔憂不能感同身受呢？我找到幾張有提及現今世界局勢的。一張只是簡單地說：「當然是戰爭。」他們並不是未能察覺世界正在發生甚麼事，只是他們的最深切的關注仍是十分個人化的。

有人曾說，憂慮是「借麻煩的人所付的利息」。另一人稱憂慮為「一條幼小的恐懼河流滴進腦海中」。根據約翰．黑該(John Haggai)所說：「在美國，憂慮已成為國家文化的一部分。你可以在無數美國人的墓碑上寫上：『太趕、太擔憂、太快被埋葬。』」

也許死亡是我們最大的恐懼。希伯來書二章15節告訴我們，基督來，是要釋放那些一生因怕死而為奴僕的人。不單只是死亡本身令我們困擾，我們亦想到生命要終結時，我們仍帶著太多未做完的事。**對於某些人來說，生存與死亡同樣痛苦**。我們如何能勝過對未來將會發生的事的恐懼呢？在一切向我們湧來的事，包括國際性的與個人性的，我們如何能由恐懼邁向信心呢？要回答這些問題，請看一看一位名叫以斯帖的年輕女子的故事。雖然她的遭遇發生在差不多二十五個世紀之前，但她令人驚訝的勇氣，卻指出了一條能勝過對未來恐懼的生命之路。

一位名叫古列的人

在公元前四六五年，一位名叫古列（又名亞哈隨魯）的人是當時的波斯國王。他是當時全世界最有權力的人，他統治的帝國要比之前由尼布甲尼撒所統治的巴比倫王國更大。他的帝國版圖由東方的印度伸展到西方的希臘、南方的非洲、再到北方的土耳其。我們以下要看的故事就在他的帝國中其中的一個首都發生。在當時，波斯帝國有四個首都。其中一個你曾聽聞的，就是巴比倫。另一個是埃克巴坦那（Ecbatana）。第三個是波斯波利斯（Persepolis）。第四個是書珊，而故事就發生在這個城市。

我們今天思想一個發生在書珊的故事是很適切的，因為她離現今的中東要塞不遠。事實上，考古學家在一百年前發掘出書珊這個古城，在當中找到了在以斯帖記中所形容的宮殿遺蹟。如果你想去書珊，你可以飛往巴格達，乘巴士出城，向南駛，前往波斯灣。當你抵達口岸時，你可以轉左，經過沿海地區，越過其與伊朗交界的爭議之地，然後再向另一百哩路進發。你會開始踏進位於北面的胡齊斯坦平原 (Plain of Khuzistan)，那處是卡爾黑河畔 (Karkheh River) 的地區，你會看見一個廣闊的高地，頂部是平的，有些廢墟遺迹。那就是書珊古城在今天所剩下來的一點點。

國王的冬天寢宮

然而，在公元前四六五年，書珊是當時全世界其中一個最大的城市。古列王的父親——瑪代人大利烏，曾經在那裏興建他的冬天寢宮。考古學家在遺址中發現了一塊石刻板，記錄了大利烏王興建書珊城的過程。大利烏王從黎巴嫩入口雪松木，從甘達拉 (Gandara) 入口堅硬的木材，從薩迪斯 (Sardis) 購入黃金，從粟特 (Sogdiana) 購入青金石，從埃及運來烏木和白銀，從古實購入象牙，亦從喬拉斯米亞 (Chorasmia) 運來綠松石。在他死後，古列繼續興建的工程。當時波斯帝國真正的首都在巴比倫。書珊——這個冬天寢宮的所在地——是用來逃避巴比倫壓力的一個地方。

波斯王安排他的妻妾女眷住在書珊，有一大羣後宮佳麗對他惟命是從，任由他差遣。她們是從全國最漂亮的女性中挑選出來的——包括波斯裔和來自其他國家的。她們要遵行一套特別的餐單和生活方式，而她們惟一的召命就是要取悅國王。國王會逐一叫她們入宮，服侍他、和聽命於他。

一位猶太裔公主成為皇后的故事

適逢有一段時間，國王因為當時皇后瓦實提的不慎行為(他所認為的)而惱怒她，所以開始在他的後宮中尋找一位最美麗、最有吸引力，和最嫵媚動人的女人，立她為新皇后。他看完一個又一個，但都未能找到想要的，直至他看見一位——她的美麗、個性、形態，與她的秀麗標緻都使他對她完全著迷。他說：「我要她成為我的皇后。」她的希伯來名字叫哈大沙，在波斯，她名叫以斯帖。她是一位猶太人。這位神的選民的其中一分子，在毫無預告之下，一下子成為了波斯皇后。她現在是全國最重要的一位女性。一位猶太人女子，現在成了波斯國王的皇后！

以斯帖的生活很好，因為她是被國王選上、被寵愛的一位。在許多歲月中，以斯帖養尊處優，她是國家的第一夫人，每一個人都要向她屈膝和獻殷勤。

邪惡的哈曼

終於一位名叫哈曼的人前來見國王。以斯帖對此一無所知，因為當時國王並不把國事和她的女人混為一談。因此當以斯帖與其他佳麗一起時，國王與哈曼談話。哈曼告訴國王一個他不能相信的故事。「皇上陛下，在你的國度中，有些人密謀叛國，煽動民眾要將你傾覆。他們違反你的律例、並不對你效忠。他們對你的功績不表尊敬。我們必須要對付這些人。」哈曼蓄意地向王隱瞞他所講的是猶太人。事實上，他所說的不盡不實。猶太人並無叛國作亂。但由於哈曼是亞瑪力人的後代——古時神子民的敵人——他只想攪擾他們，令他們遭殃。

所以他對王說：「我們必須要對付這個危害你王國的人。」王問：「你有甚麼提議？」哈曼回答：「王若准許，我會替王寫下諭旨，定下某一天滅絕他們，請王以你的戒指為證。」這叫做大屠殺，是第二次世界大戰納粹黨所做的古代版。哈曼的目的是要在一天之內殺盡所有在波斯帝國的猶太人。哈曼在王面前再次不提那些是猶太人；王是不知情的——但無論如何，對於一個波斯王來說，他們是否猶太人都沒有太大的分別。於是諭旨出了，帶著王的戒指的印記，下令全地執行。

穿麻衣、蒙塵灰

有一位新的人物出現，他叫末底改，是以斯帖的表兄。他是一位在大利烏王宮殿事奉的猶太人。他參與政事，品格良好，是王十分尊重的人。當末底改知道邪惡的哈曼所做的事後(那表示他與同胞將會被處死)，他就走到城中央，穿上麻衣、頭蒙塵灰，開始痛哭哀號。

末底改所做的事傳到以斯帖皇后耳中。她對哈曼邪惡的陰謀並不知情，而當聽聞末底改正在悲哭，她就派人去打探究竟。他給了役從一份諭旨的抄本，並說：「回去告訴皇后，現在她是惟一可以救我們的人。倘若她不採取行動，我們全部人都會死。」

不要冒昧晉見，我會召見你

我們看一看在以斯帖記四章9至11節的故事：

> 〔以斯帖的役從〕哈他革回來，將末底改的話告訴以斯帖；以斯帖就吩咐哈他革去見末底改，說：王的一切臣僕，和各省的人民，都知道有一個定例：若不蒙召，擅入內院見王的，無論男女必被治死；除非王向他伸出金杖，不得存活。

所有在古代近東的君王都是不折不扣的極權君主。你不能在沒有邀請下前去靠近他們。倘若一個男人衝進去要見王，那王被嚇了一跳，而又不想見他的話，那人便必死無疑。所以在前往見王之前，你要三思而後行。惟一的例外是「除非王向他伸出金杖……」但以斯帖繼續說：「現在我沒有蒙召進去見王已經三十日了。」(11節下) 對於我們現代人來說，那是很難明白的，但你必須記住那時是古代近東的一個帝國——縱使她貴為皇后，她亦只是後宮佳麗的其中一個。王沒有見以斯帖已經有三十日之久了。

計算代價

末底改在說：「以斯帖，你要救我們啊。」以斯帖卻說：「末底改，你並不明白你叫我所作的。」她並不是在拒絕，相信你會明白，她並不是說：「不，我不會做。」她只是說：「在你叫我作此事之前，你務要知道其中的風險。如果我前去，而王卻不想見我，縱使我是皇后，也會被治死。末底改，請想清楚你要我做的。」她並不是在拒絕。她是做任何有理性的人都會做的事，她在計算著個人要付上的代價。

任何時候都可能有人要你參與某些事情。一個來電、一個請求，一個放在你面前的偉大目標，一個巨大的挑戰，你都要計劃其中所牽涉的一切。**在你踏出第一步之前，你最好坐下來，計算一下個人要付上的代價**。這個行動十分符合聖經的原則。沒有一個出去打仗的人，不先計算好需要的士兵數目。沒有一個要蓋一座樓房的人，不先計算好花費。耶穌說：凡不背著自己十字架跟我走的，不能作我的門徒。你是要付出代價的。(見路十四27～33)

所以以斯帖在說：「末底改，我想幫助你，但你卻要明白一件事情——如果我置身於此事當中，我是以性命作賭注。」她是皇后。她有好的生活。她可以得到任何想要的東西。她只需揮一揮手，便有五十個僕人來侍候她。她要甚麼，都只需要開口。所有其他的後宮女眷都可以不惜一切，以換取她的位置。她擁有一切——物質上的財富、名譽、受人愛戴、別人的稱讚、朋友對她的認同。現在末底改對她說：「以斯帖，現在是你把這一切懸於一線之時了。」

沒有逃避

那僕從回去告訴末底改以斯帖所說的話。末底改以下所說的一段話是以斯帖記全書的核心：

> 末底改託人回覆以斯帖說：「你莫想在王宮裏強過一切猶大人，得免這禍。此時你若閉口不言，猶大人必從別處得解脫，蒙拯救；你和你父家，必至滅亡。焉知你得了王后的位分，不是為現今的機會麼？」(斯四13～14)

他對她有三個申訴。**第一個是最底層次的**。他實際上是說：「以斯帖，你是皇后，但在貴為一國之后的繁華背後，是一顆猶大人的心。你是神的子民的其中一分子。不要以為保持沉默，你就可以逃過逼害，因為你真的不能。當屠殺一展開，就一發不可收拾。當部隊開始殺害一個又一個的猶大人時，他們會始於平民，而終於你的門階。而他們不會停止殺戮，直到他們殺盡**所有**猶大人為止，包括你和你的家人。不要以為你的地位優越可以使你倖免於難。皇后的身分並不能使你脱離危難。你可能是最後的一位受害者，但卻必遭害。」

我們應該從此處學習到在這個世界中並無安全，富有和有權勢的人也不例外。九一一事件之後，我們應該對此深信不疑。財富並不能救我們脱離世間的危難。

未有被説出名字的神

接著他説：「此時你若閉口不言，猶太人必從別處得解脱，蒙拯救。」這是舊約其中一句最使人驚奇的句子，在以斯帖記中也是。在此，讓我附帶跟你分享一個聖經的軼聞。你知不知道以斯帖記是全本聖經的惟一一卷沒有提及神的名字的書？你不能從中找到**神**或**主**的字。於是有些人認為這卷書並不重要、或者不是受感而寫成、或者不屬於聖經的一部分，又或者不值得細心研讀。但我將會告訴你為何神的名字不在經卷中被提及。因為以斯帖記所記載的是一個神的子民在異國的故事。這是一個神的子民被外邦人統治的故事。這個真實的故事就彷似某種的比喻，教導我們知道神如何透過表面上最無關連的境遇，甚至是在不敬畏神的人的轄制中，拯救祂的子民。這是神的名字從來都未有出現的原因。以斯帖相信神。末底改也是。所有猶大人都是。此乃作為猶大人的本義——他們相信神。但神的名字未有被提及，因為這是一個學習有關神的預備和釋放大能的功課。

所以末底改實際上在說：「如果你不幫助我們，神能夠從其它途徑拯救我們——但你卻會被殺害。」接著他說：「焉知你得了皇后的位分，不是為現今的機會麼？」請深思這幾個字。「以斯帖，不要忘記你的出身。你曾經也是芸芸後宮女眷中寂寂無名的一位。你所吃的、穿的、以及行動舉止，都跟她們一樣。沒有人知道你是猶太人。以斯帖，是甚麼令王選上你呢？你認為這只是跟你漂亮的外表有關嗎？她們全都漂亮。還是因為你的笑容？她們每一位都笑得燦爛。抑或是因為你的搔首弄姿？她們全都勝任有餘。」

末底改的意思清楚不過：「以斯帖，你是皇后。你擁有一切。你身處高位。你較全國任何一個人更有特權。你認為這一切的發生純屬運氣，或是出於偶然？以斯帖，你能身處高位，是因為神安置你在那裏。但為甚麼神如此做呢？是為了在這個歷史中的關鍵時刻，你可以站出來說話，使你的同胞得解脫。所有訓練和你經歷的一切，使你能夠成為神手中的工具，用以搭救祂的子民。」

我若死，就死吧

這是怎樣的歷史觀！這是怎樣看人生的際遇！這是怎樣理解神的作為！「以斯帖，焉知你得了皇后的位分，不是為現今的機會麼？」(14節)。為著這一個關鍵的時刻。為著歷史中的這一個時候。「以斯帖，誰知曉，你所得的一切豈不都是為了這個使命？所有發生在你身上的事豈不都是預備你來到這一刻？」

我們看看以斯帖在四章15至16節的回應：

> 以斯帖就吩咐人回報末底改說：「你當去招聚書珊城所有的猶大人，為我禁食三晝三夜，不吃不喝；我和我的宮女，也要這樣禁食。然後我違例進去見王，我若死就死吧！」

你能否明白在這裏表達的一個原則？末底改對以斯帖那毫不簡單的訴求是基於一個重大的真理：**特權愈多，責任愈大**。你多得，神會向你多要。神賜予你更多，你貢獻天國的責任亦愈大。

這個古老的故事教導我們有關勝過對未來的恐懼甚麼功課呢？第一點，我們學會了**在這個世界並無安全**。不好的事經常發生在好人身上。有時彷彿「隨機式」的飛來橫禍，有時是惡人加害於我們。我們亦都學會了**在人生中並無偶然**。你現在身處的位置是神對你的安排。你很可能不是異邦的皇后，但無論你現在的處境如何，都是神的手把你放在那裏。而你最崇高的召命就是在人生的境遇中，為基督在世所施行的工作出一分力。

最後我們必須實行以斯帖所作的——禁食和禱告，以及尋求主，以致能在遵行神旨意的路途上，做正確的事、做難成的事，以及作艱難的決定，將結果交給神。這是「我若死，就死吧」的真正意義。這是一位已把生命交在神手裏的女性所說的莊嚴的信心話。當我思想她的勇氣時，主將這個洞見放在我心裏：沒有任何人能夠好像對死無懼的人般自由。如果你不怕死，你就能自由地事奉主，放膽做任何祂叫你做的事。

我跟會眾中其中一位患癌垂死的女士共渡了數分鐘。當我問她是否愛耶穌時，她以微弱的聲線回答：「我愛。」我知道那可能是她能有力氣返教會的最後一個主日。她所經歷的煎熬已經反映在她的臉上。在我們交談的時候，我知道不需多久，也許在數天之內，她便會身在天堂了。我告訴她：「我對死亡所知不多，但卻知道這一點點——當你在地上合上雙眼時，下一刻你已身在天堂，睜開雙眼。而當你在地上呼最後一口氣時，下一刻你已在天堂中享受著那屬天的氣息。當那刻來臨時，不要害怕。主會親自前來歡迎你。神的天使會護送你回家。」

接著我引用我們耳熟能詳的一段使徒保羅所說的話：「因我活著就是基督，我死了就有益處。」(腓一21) 離開身體就是與主同住 (林後五8)。我又提醒她耶穌對那垂死的盜賊所說的話：「今日你要同我在樂園裏了。」(路二十三43) 我告訴我的朋友：「你將會前往天堂，而當你抵達時你會與耶穌面對面。」最後我提醒她基督在約翰福音十四章2至3節的的應許：「在我父的家裏有許多住處；若是沒有，我就早已告訴你們了。我去原是為你們預備地方去。我若去為你們預備了地方，就必再來接你們到我那裏去，我在那裏，叫你們也在那裏。」

當我說完後，一滴淚珠滾落她的臉龐。然後她做了一件令我驚訝的事。雖然她十分軟弱，但她從長椅起來，伸出瘦弱的手，摟著我的頸項，擁抱我。我告訴她：「不要擔心任何事，你一切都會安好，因為你認識主。」我對我所說的深信不疑。屬神的人會死得安詳。如果你認識主，你不需要害怕死亡。而如果你對死亡無懼，你是真真正正的自由，魔鬼亦失去了這個攻擊你的最大武器。

關於未來的四個真理

當我們放眼將來，以下是四個應該能夠鼓勵我們的真理：

1. 神已經在那裏，因為祂是行在子民前方的神。
2. 神答應過，無論發生甚麼事，祂都與你同在。
3. 如果你認識主，能夠發生在你身上的最壞事情是返回天家，而這也是能夠發生在你身上最好的事情。
4. 你會有充足的時間去做神想你作的工。

在某些層面來說，最後的一點是最重要的，因為我們很多人經常都在催逼、倉促、猛衝。許多時賽事尚未開始，我們已經覺得自己處於下風。**在未來的日子，無論發生何事，都可以放心，因為你會有充足的時間、力量和智慧去做神想你作的工**。這個原則不能推展到保證你能實踐所有的目標，或你的每一個夢想都會成真。我們仍然身處一個墮落的世界，許多時情況都支離破碎，很難有一件事會好好地完成。但雖然有這限制，我們仍然可以相信在有需要時，神會供應我們一切真正所需的，因而我們能行出祂的旨意。

沒有人能夠肯定明天將會如何。甚至沒有人能夠肯定在十二個月(甚至十二分鐘)之後，我們會否仍然生存。但我們不應該讓這個想法叫我們驚慌。對於一切的恐懼，主都簡單地說：「不要怕。」

- 事情會否變得更糟？「不要怕。」
- 我會否失去健康？「不要怕。」

- 我會否患上癌症？「不要怕。」
- 我能否保住工作？「不要怕。」
- 我所愛的人會否經歷掙扎？「不要怕。」
- 我會否投資失利？「不要怕。」
- 我今年會否一貧如洗？「不要怕。」
- 悲劇會否臨到我家？「不要怕。」
- 我的孩子會否令我失望？「不要怕。」
- 他人會否嘲笑我的信仰？「不要怕。」
- 我的計劃會否落空？「不要怕。」
- 我的夢想會否化為烏有？「不要怕。」
- 我今年會否面對死亡？「不要怕。」

上述任何一件事都可能發生在我們身上；事實上，有些是必然會發生的，或遲或早。但主的話語長存。「不要怕。」主自己今天與我們同在，明天也都是一樣。我們應該比任何人都樂觀。我們會有一個燦爛的未來，因為我們有一位偉大的神。所以，神的兒女，挺起胸膛。不要再定睛在困難中。抖擻精神，掛上微笑。拿起你的困難，包裹它們，交給主。我們所有人都會經歷困難，但我們都能以神的應許誇勝。祂說：「我總不撇下你，也不丟棄你。」(來十三5)

在一九三九年的聖誕節，英王喬治六世向他飽受困擾的國民發表了一段簡短的電台演說。那時英國已經與德國交戰。不需多久，整個歐洲都會陷入血腥、不受控制的戰爭恐怖當中。在烏雲瀰漫之際，國王說出鼓勵的說話，希望安撫他的國民起伏不安的心靈。在演說結束時，他引用了一首在當時不為人所知的、由明妮 · 路易斯 · 哈斯金斯 (Minnie Louise Haskins) 所寫，題為《今年的門》的詩。由那時開始，這首詩在全世界廣為人知：

> 我向那位今年站在城門的男仕說：「給我一盞燈，使我可以安全地踏上那未知的未來！」他回答說：「走到黑暗中，並將你的手伸進神的手中。對於你，這比光更好，並比一條已知之路更安穩。」

對於今日的我們，這是何等重要的話。只有神才知道明天如何。讓我們實行那位詩人所建議的，將我們雙手放進全能的神手中。也讓我們滿有信心地向那未知的未來進發，知道如果神和我們前去，我們無懼將來。與主同行是最大的喜樂，它實在比一條已知的路更安穩。

給個人／小組討論思想的問題

1. 拿起一份報章，看看它的頭條新聞。它們告訴了你現今的世界局勢是怎樣的？
2. 以斯帖記是聖經中惟一一卷沒有提及神名字的書。然而，那卻顯然是一個神眷顧和拯救祂子民的故事。當你思想這個故事時，在哪處你能清楚看見神的手呢？

3. 閱讀以斯帖記四章12至16節。末底改如何向以斯帖發出訴求？她的回應是甚麼？
4. 你是否害怕死亡？為甚麼怕？為甚麼不怕？
5. 閱讀路加福音十四章25至33節。作為耶穌的門徒的代價是甚麼？為甚麼在委身之前計算代價是如此重要？
6. 「你的最崇高召命是在人生的境遇中，為基督在世所施行的工作中出一分力。」你現正如何履行這個召命？

進深

拿一張紙，寫下你三個最大的關心或憂慮。在那些憂慮下，寫下彼得前書五章7節：「你們要將一切的憂慮卸給神，因為祂顧念你們。」作為信心的行動，拿起你的清單，投進一個箱子或袋子裏，然後丟掉它。告訴主你想將你的憂慮交在祂的恩手裏。

盧 ▪ 雲 ▪ 著 ▪ 作 ▪ 一 ▪ 覽 ▪ 表

Intimacy: Essays in Pastoral Psychology (1969)
《愛中契合》香港：基道，一九九四。

Creative Ministry (1971)
《建立生命的職事》香港：基道，一九九六。

With Open Hands (1972)
《親愛主，牽我手》香港：基道，一九九一。

Thomas Merton: Contemplative Critic (1972)
《盧雲眼中的梅頓》香港：基道，一九九九。

The Wounded Healer (1972)
《負傷的治療者》香港：基道，一九九八。

Aging: The Fulfillment of Life
(With Walter Gaffney, 1974)
《生命的頂尖》香港：文藝，一九八〇。
《流金歲月》（新版）香港：文藝，二〇〇九。

Out of Solitude (1974)
《始於寧謐處》香港：基道，一九九一。

Reaching Out (1975)
《從幻想到祈禱》香港：公教，一九八七。

Genesee Diary (1976)

The Living Reminder (1977)

Clowning in Rome (1979)
《羅馬城的小丑戲》香港：基道，一九九〇。

In Memoriam (1980)
《別了，母親》香港：基道，一九九〇。
《念：別了母親後》（重譯本）香港：基道，二〇〇〇。

The Way of the Heart (1981)

Making All Things New (1981)
《新造的人》香港：基道，一九九二。

A Cry for Mercy (1981)
《頌主慈恩》香港：公教，一九八五。

Compassion (With D. McNeil and D. Morrison, 1982)

A Letter of Consolation (1982)
《慰父書》台灣；光啟出版社。

Gracias! A Latin American Journal (1983)

Love in a Fearful Land (1985)

In the House of the Lord/Lifesigns (1986)

Behold the Beauty of the Lord (1987)

Letters to Marc about Jesus (1988)
《生命中的耶穌》香港：基道，一九九三。

Circles of Love: Daily Readings with Henri J.M. Nouwen (1988)
《愛的漩渦：與盧雲默觀》香港：公教，一九九五。

The Road to Daybreak: A Spiritual Journey (1989)
《黎明路上》香港：基道，一九九五。

Heart Speaks to Heart (1989)
《心應心》香港：基道，一九九一。

Beyond the Mirror (1990)
《鏡外》香港：基道，一九九二。

In the Name of Jesus (1990)
《奉耶穌的名》香港：基道，一九九二。

Walk with Jesus (1990)
《與祢同行》香港：基道，一九九二。

The Return of the Prodigal Son (1992)
《浪子回頭》台灣：校園，一九九七。

Life of the Beloved (1992)
《活出有愛的生命》香港：基道，一九九九。

Show Me the Way (1992)

Jesus and Mary: Finding Our Sacred Center (1993)

Our Greatest Gift: A Meditation on Dying and Caring (1994)

Here and Now: Living in the Spirit (1994)
《念茲在茲》台灣：光啟，二〇〇〇。

With Burning Hearts: A Meditation on Eucharistic Life (1994)
《熾熱的心》台灣：光啟，二〇〇一。

The Path of Freedom (1995)

The Path of Power (1995)

The Path of Waiting (1995)

The Path of Peace (1995)

Can You Drink the Cup? (1996)
《你能飲這杯嗎？》台灣：上智，一九九九。

The Inner Voice of Love: A Journey through Anguish to Freedom (1996)
《心靈愛語》香港：卓越，一九九七。

Bread for the Journey: A Daybook of Wisdom and Faith (1997)
《心靈麵包》台灣：校園，一 九九九。

Adam: God's Beloved (1997)
《亞當——神的愛子》香港：基道，一九九九。

Sabbatical Journey: The Final Year (1997)
《安息日誌——秋之旅》香港：基道，二○○二。
《安息日誌——冬之旅》香港：基道，二○○三。
《安息日誌——春夏之旅》香港：基道，二○○三。

The Road to Peace (1998)
《和平路上》香港：基道，二○○二。

Finding My Way Home (2001)
《尋找回家路》香港：基道，二○○四。

Turn My Mourning into Dancing (2004)
《化哀傷為舞蹈》香港：基督徒學生福音團契，二○○四。

Encounters with Merton: Spiritual Reflections (2004)
《遇見牟敦》台灣：光啟，二○○七。

Peacework: Prayer, Resistance, Community (2005)
《和平篇章》香港：基道，二○○七。

Selfless Way of Christ: Downward Mobility and the Spiritual Life (2011)
《向下的移動》台灣：校園，二○一二。

Discernment: Reading the signs of Daily Life (2013)
《靈心明辨》香港：基道，二○一五。

靈修著作精選

重整靈性生命，陶冶完善人格。

敢於跟隨主

鄧瑞強 著／HK$58

與上帝同行的生命旅程

Living in the Companionship of God

簡 · 約翰遜（Jan Johnson）著／李小釗 譯／HK$68

凡事信靠：詩篇二十三篇

Trusting God for Everything: Psalm 23

簡 · 約翰遜（Jan Johnson）著／李小釗 譯／HK$68

禁食，讓身體説話

Fasting

麥克奈特（Scot McKnight）著／陳永財 譯／HK$88

感恩

Uncommon Gratitude: Alleluia for All That Is

羅雲 · 威廉斯（Rowan Williams）、卓滌娜（Joan Chittister）著／陳恩明 譯
HK$83

禱告操練 7 堂課——學習主禱文

羅慶才 著／HK$68

敬虔操練 13 課

羅慶才 著／HK$68

生命成長 17 課——學習聖靈果子和八福

羅慶才 著／HK$68

禱告不是偽術——返璞歸真的祈禱
Prayers Plainly Spoken
侯活士（Stanley Hauerwas）著／禤智偉 譯／ HK$68

當祂在十架上——與侯活士默想基督最後七言
Cross-Shattered Christ: Meditations on the Seven Last Words
侯活士（Stanley Hauerwas）著／紀榮智 譯／ HK$53

我一直以為，人生是這樣走的——為生命重新導航
Breaking the Idols of Your Heart: How to Navigate the Temptations of Life
艾倫德（Dan B. Allender）、朗文（Tremper Longman III）著／李小釗 譯
HK$98

尋訪古老的屬靈踐行
Finding Our Way Again: The Return of the Ancient Practices
麥拉倫（Brian D. McLaren）著／陳永財 譯／ HK$88

與潘霍華一同默想主的降生—— 41 天靈修之旅
God Is in the Manger: Reflections on Advent and Christmas
潘霍華（Dietrich Bonhoeffer）著／陳永財 譯／ HK$68

學作主的門徒——與潘霍華一同靈修 40 天
40-Day Journey with Dietrich Bonhoeffer
羅恩．克盧格（Ron Klug）著／李金好 譯／ HK$68

隱藏的整全——朝向不再分割的生命
A Hidden Wholeness: The Journey Toward an Undivided Life
帕克．帕爾默（Parker J. Palmer）著／陳永財 譯／ HK$88

弔詭的應許——在矛盾中擁抱生命
The Promise of Paradox: A Celebration of Contradictions in the Christian Life
帕克．帕爾默（Parker J. Palmer）著／陳永財 譯／ HK$78

緊扣時代 服事教會

以文字傳揚基督真道

讀者意見表

衷心多謝你購買本社書籍。本社一直致力以出版事工服事教會，幫助信徒扎根於神的話語，促進靈命增長。為使我們的出版更能滿足你的需要，請填寫下列各項資料，並寄回或傳真予本社。

所購書籍：______________________

本書最吸引你的地方：

☐作者　☐適切性　☐文筆　☐設計　☐實用性

☐其他：______________________

購買本書地點：

☐基道書樓　☐基督教書店　☐非基督教書店

性別：☐男　☐女　職業：______________

信仰：☐基督徒　☐非基督徒

年齡：☐ 16 歲或以下　☐ 17～25 歲　☐ 26～35 歲

☐ 36～55 歲　☐ 56 歲或以上

學歷：☐中三或以下　☐中五　☐預科

☐大學　☐研究院

☐我欲更多了解基道出版社的事工及考慮支持，請寄給我下列資料：

☐機構簡介　☐新書資料　☐基道會員通訊

☐《基道文字事工通訊》

姓名：______________________電話：______________

地址：______________________________________

____

傳真：______________　電子郵件：______________

其他意見：______________________________________

____

多謝賜教！

意見表可以傳真（2687-0281）或直接郵寄以下地址：

香港沙田火炭坳背灣街26號富騰工業中心1011室

基道出版社編輯部收